Rivstart

A1+A2 Textbok

Paula Levy Scherrer • Karl Lindemalm

Natur & Kultur

NATUR & KULTUR
Box 27323, 102 54 Stockholm
Kundservice: Tel 08-453 87 00, kundservice@nok.se
nok.se

Order och distribution: Förlagssystem. Box 30195, 104 25 Stockholm
Tel 08-657 95 00, order@forlagssystem.se
fsbutiken.se

Projektledare: Karin Lindberg
Textredaktör: Caroline Croona
Bildredaktör: Caroline Croona
Grafisk form: Cristina Jäderberg
Omslag: Carina Länk
Illustrationer: Eva Thimgren

Förlaget Natur & Kultur är en stiftelse som utan ägare kan agera självständigt och långsiktigt. Vårt mål är att genom stöd, inspiration, utbildning och bildning verka för tolerans, humanism och demokrati.

Kopieringsförbud! Detta verk är skyddat av lagen om upphovsrätt. Vid tillämpning av skolkopieringsavtalet (även kallat BONUS-avtalet) är detta verk att se som ett engångsmaterial. Engångsmaterial får enligt avtalet över huvud taget inte kopieras för undervisningsändamål.

Kopiering för undervisningsändamål av denna bok är således helt förbjuden.

Utan tillåtelse av förlaget kommer kopiering utöver avtalet att innebära otillåtet mångfaldigande. Ett sådant intrång medför straffansvar och kommer att ge upphov till skadeståndsskyldighet enligt 53 och 54 §§ lag (1960:729) om upphovsrätt till litterära och konstnärliga verk.

© 2014 Paula Levy Scherrer, Karl Lindemalm och Natur & Kultur, Stockholm
Tryckt i Slovenien 2019
Andra upplagans åttonde tryckning
ISBN 978-91-27-43420-2

MIX
Paper from responsible sources
FSC® C106600

Till läraren

Rivstart A1 + A2 är ett enspråkigt kursmaterial i svenska som främmande språk för personer i och utanför Sverige. Boken är kopplad till Gemensam europeisk referensram för språk. Materialet består av textbok, övningsbok och lärarhandledning. På www.nok.se/rivstart finns bland annat facit, ordlistor, självdiagnostiska framstegstest och interaktiva övningar. Där finns också ljudfiler till inlästa texter och hörövningar som du kommer åt via inloggningsuppgifterna på insidan av bokens pärm.

Rivstart A1 + A2 innehåller en mängd kommunikativa övningar där deltagarna använder språket på olika sätt redan från början. För att kursdeltagarna ska kunna göra det finns språkliga verktyg. På insidan av bokens pärm finns också olika klassrumsfraser för att man ska kunna använda svenska som undervisningsspråk från dag ett. *Rivstart A1 + A2* ska locka deltagarna att själva i möjligaste mån lista ut språkliga mönster och grammatiska regler. I textboken finns därför fokus på-rutor som ska vara så illustrativa att man ska kunna se mönstret. I övningsboken återkommer exemplen med mycket enkla regler utskrivna. Övningsbokens uppgifter lämpar sig väl för självstudier/hemarbete och ger möjlighet att i lugn och ro repetera och befästa klassrumsarbetet. I textboken finns förutom texter och övningar också uttalsövningar samt en minigrammatik. Nytt för denna utgåva är att uttalsövningarna är integrerade i textboken.

Lärarhandledningen innehåller tips på hur du kan jobba med Rivstart och ett avsnitt om uttal. Där finns också kopieringsunderlag med extra övningar samt de självdiagnostiska framstegstesterna. Till lärarhandledningen hör också en cd med alla ljudfiler som även kan köpas separat. Rivstart finns också som Interaktiv bok plus – en digital utgåva med ljud och interaktiva övningar.

Tanken med *Rivstart* är att det ska vara ett inspirerande läromedel som tar lärare och deltagare på allvar. Men vår förhoppning är givetvis också att språkinlärningen ska bli lustfylld och att man ska ha roligt under arbetets gång.

Vi önskar er lycka till i arbetet med Rivstart!
Paula Levy Scherrer och Karl Lindemalm

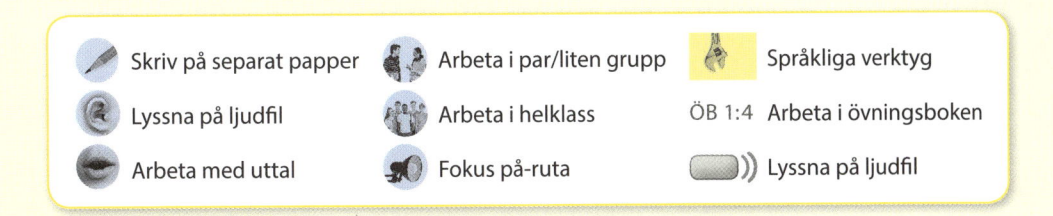

Skriv på separat papper	Arbeta i par/liten grupp	Språkliga verktyg
Lyssna på ljudfil	Arbeta i helklass	ÖB 1:4 Arbeta i övningsboken
Arbeta med uttal	Fokus på-ruta	Lyssna på ljudfil

Innehåll

Kapitel	Tema	Jag kan	Språkfokus
1 sidan 8	• Presentation: hälsa, land, arbete, studier, familj, språk • Alfabetet	• med enkla ord säga vad jag heter, var jag bor och varifrån jag kommer • beskriva var jag bor och hur jag lever med enkla meningar	• Verb: presens • Ordföljd: påstående, frågeordsfråga, ja/nej-fråga • Frågeord • Subjektspronomen • Negation • Uttal: lång vokal eller konsonant, betoning, reduktioner
2 sidan 18	• Presentation: hälsnings- och avskedsfraser • Arbete och studier – fortsättning	• fråga hur någon mår • presentera mig själv och någon annan • använda enkla hälsnings- och avskedsfraser	• Subjektspronomen – fortsättning • Substantiv: singular obestämd form • Frågeord – fortsättning • Uttal: lång vokal eller konsonant, betoning, reduktioner – fortsättning. Vokalen **a**
3 sidan 26	• Räkneord: grundtal • Tid • Presentation: adress, telefonnummer • Ålder	• förstå siffror och tider • med enkla ord prata om en vanlig dag • skriva en enkel text om en dag	• Frågeord – fortsättning • Ordföljd – fortsättning • Substantiv: singular bestämd form • Verb: imperativ • Uttal: tjugo-ljudet [ç] och sju-ljudet [ʃ]
4 sidan 36	• Vardagsinköp • Mat • Räkneord – fortsättning	• göra enklare inköp men ibland måste jag peka och visa • beställa något på en restaurang eller ett kafé • förstå priser	• Hjälpverb + infinitiv • Demonstrativt pronomen + substantiv • Substantiv: plural obestämd form • Uttal: ordbetoning, sammansatta ord. Vokalerna **o**, **å** och **a**.
5 sidan 46	• Fritid • Kultur • Planera och bestämma	• prata om mina fritidsintressen på ett enkelt sätt • planera fritidsaktiviteter med andra • kortfattat och på ett enkelt sätt beskriva aktiviteter	• Verb: presens futurum • Adverb för frekvens • Ordföljd: adverbets position • Tycker om/gillar (att) • Adjektiv: former • Verb: preteritum – DÅ • Uttal: vokalerna **i** och **y**

Kapitel	Tema	Jag kan	Språkfokus
6 sidan 56	• Presentation – fortsättning • Familj och släkt • Arbete • Fritid	• beskriva min familj • berätta om vardagen nu och då • förstå enkel beskrivande faktatext	• Objektspronomen • Tidsadverb DÅ + preteritum • Relativt pronomen • Possessiva pronomen • Adjektiv efter verb • Verb: grupp 1–4 • Uttal: assimilationer Vokalen **u**
7 sidan 66	• Shopping • Kläder • Färger	• klara av enkla situationer i affärer och varuhus • läsa en enkel text på internet • hitta information i en enkel annons • med enkla medel beskriva personer och saker	• Indefinit pronomen • Färger som adjektiv • Substantiv: bestämd form plural • Adjektiv: komparation • Uttal: uttal av **g**, **k** och **sk** • Vokalerna **i**, **e** och **ä**
8 sidan 80	• Turism • Väder • Datum och planering	• prata om vad jag har gjort och upplevt • planera en resa • läsa ett enkelt mejl • skriva ett mycket enkelt personligt mejl	• Verb: presens perfekt • Ordningstal • Skillnaden presens perfekt/preteritum • Adverb: position och destination • Hjälpverb – fortsättning • Uttal: assimilationer – fortsättning. Vokalerna **e** och **ö**
9 sidan 92	• Kommunikationer • Vägbeskrivningar	• fråga om information när jag ska åka buss, tåg eller taxi • ge och förstå enkla vägbeskrivningar • förstå enkel beskrivande faktatext • förstå och skriva personliga sms	• Verb: gå och åk • Siffror som substantiv • Verb: presens som presens futurum • Tidsprepositioner • Uttal: partikelverb, ng-ljudet [ŋ]
10 sidan 104	• Fakta om Sverige • Geografi • Speciellt för Sverige	• lite om Sverige • läsa enkel, beskrivande faktatext • läsa tabeller och diagram	• Sverigefakta • Uttal: reduktioner – fortsättning

Kapitel	Tema	Jag kan	Språkfokus
11 sidan 112	• Dejting • Datorer • Internet	• hålla med och säga emot i ett samtal • förstå de viktigaste kommandona när jag använder en dator • skriva enkla personliga meddelanden • fylla i personliga uppgifter i ett formulär*	• Också/inte heller • Konjunktioner • Substantiv: användning av obestämd och bestämd form • Uttal: ordbetoning – fortsättning
12 sidan 122	• Svensk mat • Äta på restaurang	• läsa enkel beskrivande faktatext • beställa något att äta och dricka • förklara vad jag tycker om och inte tycker om	• Få, många, lite, mycket • Tror/tycker • Bisats • Nationalitetsadjektiv • Sitter och, ligger och, står och • Uttal: sats- och frasbetoning
13 sidan 132	• Arbetsliv • Yrken • Arbetsuppgifter • Söka jobb	• berätta om min nuvarande eller senaste anställning • förstå när andra berättar om en arbetsdag • skiva ett kort brev med hjälp av lexikon	• Adverb för position, destination och från position • Verb: preteritum som berättande tempus • NU-adverb och DÅ-adverb • Presens perfekt – fortsättning • Tidsprepostion *i* • Verb: infinitiv med *att* och utan *att* • Uttal: fokusbetoning
14 sidan 142	• På landet • Bjudning • Vett och etikett	• skriva en mycket enkel personlig inbjudan • framföra tack och ursäkter • be om saker och själv ge personer saker som de ber mig om • lite om svensk livsstil och traditioner • läsa diagram och prata om informationen i dem	• Indirekt tal • Relativa bisatser • Subjunktioner • Utrop • Uttal: reduktioner – fortsättning
15 sidan 156	• Typiskt för Sverige • Svenskt klimat	• läsa enkel beskrivande faktatext • på ett enkelt sätt beskriva aktiviteter	• Reflexiva possessiva pronomen • Självständiga pronomen • Uttal: lång konsonant – stavning

* Finns i övningsboken.

Kapitel	Tema	Jag kan	Språkfokus
16 sidan 166	• Utbildning • Arbetsliv	• lite om det svenska utbildningssystemet • säga vad jag tycker i ett samtal • läsa korta, enkla intervjuer i en tidning • berätta om mina planer för framtiden • beskriva min utbildning	• Subjunktioner – fortsättning • Relativa bistaser med satsadverb • Verb: presens futurum • Tid • Uttal: partikelverb – fortsättning
17 sidan 176	• Boende	• förklara var och hur jag bor • delta i en enkel diskussion • läsa bostadsannonser • beskriva saker och jämföra dem med varandra	• Adverb: komparation • Jämförelser • Rumsprepositioner • Sitta, ligga, stå om saker • Står om text, ligger om geografi • Presentering • Ser + adjektiv + ut • Uttal: ordbetoning – fortsättning
18 sidan 188	• Vardagssituationer på arbetet • Småprat • Telefonsamtal • Teknik på arbetet	• delta i ett mycket kort socialt samtal (småprat) • läsa diagram föra resonemang om dem • delta i ett telefonsamtal med direkt utbyte av information • föra enkla anteckningar • förstå enkla instruktioner på apparater • skriva ett enkelt mejl till en kollega	• Adjektiv: bestämd form • Uttal: reduktioner – fortsättning
19 sidan 198	• Sjuk och frisk • Kroppsdelar	• berätta hur jag mår och förstå när någon ger mig råd	• Kortsvar • Tidsprepositioner för frekvens • Uttryck för frekvens • Adverb • Uttal: reduktioner – fortsättning
20 sidan 206	• Massmedier • Nyheter	• uppfatta huvudinnehållet i nyheter som rapporterar händelser • beskriva en händelse med enkla meningar.	• Uttal: sats- och ordbetoning – fortsättning
!	**UTTAL** sidan 214 **MINIGRAMMATIK** sidan 223 **Bildkällor** sidan 240		

1 Du kan svenska!

A Kombinera foton och ord.

> hamburgare   advokat   potatis   mobil   papper
> kaffe   bok   ~~kanelbulle~~   penna   vatten

ett 1 _kanelbulle_
två 2 potatis
tre 3 vatten
fyra 4 hamburgare
fem 5 papper

sex 6 bok
sju 7 advokat
åtta 8 kaffe
nio 9 mobil
tio 10 penna

B Lång vokal eller konsonant?
Exempel:

mob<u>i</u>l → [mobiiil]
ka<u>ff</u>e → [kafffe]

2 På kurs

1. – Hej! Jag heter Patricia.
   – Hej! Daniel heter jag.
   – Varifrån kommer du, Daniel?
   – Från Australien. Och du? Kommer du från Spanien?
   – Nej, jag kommer från Argentina.
   – Jaha. Vad talar du för språk?
   – Engelska och lite svenska. Och spanska såklart.
   – Jaha, vad bra!

2. – Hej! Gabi heter jag. Vad heter du?
   – Giovanni. Varifrån kommer du?
   – Jag är från Tyskland. Och du?
   – Jag kommer från Italien, från Trieste.
   – Trieste, var ligger det?
   – I norra Italien.
   – Jaha. Jag pratar pyttelite italienska.
   – Vad kul!

   ÖB 1:1

A Lyssna på dialogerna i *På kurs*. Vilka ord har betoning? Ringa in.
Exempel:

– (Hej!) Jag heter (Patricia).
– (Hej!) (Daniel) heter (jag).

B Lyssna igen. Lång vokal eller konsonant? Markera.
Exempel:

– Hej! Jag heter Patri̱cia.
– Hej! Da̱niel heter ja̱g.

C Lyssna igen. Vad uttalar vi inte? Markera.
Exempel:

– Hej! Ja~~g~~ hete~~r~~ Patricia.
– Hej! Daniel hete~~r~~ ja~~g~~.

D Titta på rutan här nedanför. Kan ni se ett system för verbets position?

Verbets position

	1	2	3
	Varifrån	kommer	du?
	Vad	talar	du för språk?
	Jag	heter	Patricia.
	Daniel	heter	jag.

OBS! Ja/nej-fråga:

	1	2	3
		Kommer	du från Spanien?

E Läs dialogerna i *På kurs* igen. Sätt ett kryss vid alla verb.

ÖB 1:2

F Fråga varandra.

Fråga
Vad heter du?
Varifrån kommer du?
Vad talar du för språk?

Svara
Jag heter … Och du?
Jag kommer från … Du då?
Jag talar …

Frågeord
Vad?   Varifrån?   Var?

G Mingla och fråga alla i gruppen. Skriv.
Exempel:

NAMN	LAND	SPRÅK
María	Colombia	spanska, franska
Peter	Irland	engelska

10 • RIVSTART A1+ A2 Textbok   Kopiering av detta engångsmaterial är förbjuden enligt lag och gällande avtal.

H Presentera varandra.

♀ Hon heter María. Hon kommer från Colombia.
♂ Han heter Peter. Han kommer från England.

Subjektspronomen
jag du han hon den det vi ni de

I Säg alla namn i klassen "på svenska".
Exempel:

María → [Mariiija]
Peter → [Peeeter]

J Fråga varandra om alla i klassen.
Exempel:

– Varifrån kommer María?
– **Hon** kommer från Colombia.

– Vad talar Peter för språk?
– **Han** talar engelska.

K Varifrån kommer de? Vad talar de för språk?

1. Luisa kommer från *Venezuela*.
   Hon talar *spanska* och *italienska*.
2. Peter kommer från *Gotland*.
   Han talar *engelska*, *franska* och *svenska*.
3. Nicole kommer från *Frankrike*.
   Hon talar *franska*, *svenska*, *japanska*
   och *ryska*.
4. Jack kommer från *New Zeeland*.
   Han talar *engelska*, _____ och *thailändska*.

ÖB 1:3–4

3 Arbetar du här?

A Kombinera bilder och ord.

> ingenjör tandläkare frisör lärare
> läkare sjuksköterska webbdesigner servitör
> advokat busschaufför fotograf ~~kock~~

1. kock
2. läkare
3. sjuksköerska
4. lärare
5. webbdesigner
6. advokat
7. ingenjör
8. tandläkare
9. busschauffer
10. servitör
11. fotograf
12. frisör

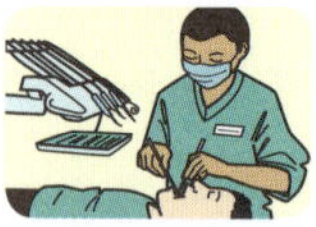

1. – Arbetar du här i Sverige, Kyoko?
   – Nej, jag arbetar inte här.
   – Nähä. Vad gör du då?
   – Jag pluggar.
   – Jaha. Vad studerar du?
   – Design. Och du, Renate, arbetar du?
   – Nej, jag arbetar inte. Jag är pensionär.

2. – Axel, jobbar du?
   – Ja, jag jobbar med barn. På förskola. Och du?
   – Jag jobbar inte nu. Jag söker jobb på restaurang.
   – Jaha. Lycka till!

Nej, jag arbetar inte här.
Jag jobbar inte nu.

Jag ~~inte arbetar~~ här.

Negation

B Säg meningar med *inte*.
Exempel:

Renate ~~arbetar~~ → pensionär. – Renate arbetar inte. Hon är pensionär.

1 Olga ~~Ryssland~~ → Ukraina
2 Henrique ~~spanska~~ → portugisiska.
3 Sofia ~~filosofi~~ → psykologi.
4 Katerina ~~tandläkare~~ → läkare.   ÖB 1:5

C Skriv 3–5 exempel med *inte*.

D Fråga varandra.
Exempel:

– Jobbar du?
– Ja, jag är ingenjör och arbetar på Vägverket. Du då?
– Jag …

ÖB 1:6

Fråga	**Svara**
Arbetar/jobbar du?	Ja, jag jobbar på … (ett IT-företag/(en) bank/(en) förskola …)
	Jag jobbar inte. Jag söker jobb./Jag studerar./Jag är pensionär.
Vad arbetar/jobbar du med?	Jag jobbar med … (IT/ekonomi/barn …)
Vad har du för yrke?	Jag är … (programmerare/ekonom/förskolelärare …)
Studerar/pluggar du?	Ja, jag studerar/pluggar.
	Nej, jag studerar/pluggar inte.
Vad studerar du?	Jag studerar/pluggar/läser … (programmering/ekonomi …)
	Jag studerar/pluggar/läser till … (programmerare/ekonom …)

E Vilka yrken hör du? Kryssa för rätt alternativ.

1. ☐ advokat
   ☐ polis
   ☐ servitör
   ☐ ingenjör

2. ☐ webbdesigner
   ☐ förskolelärare
   ☐ advokat
   ☐ servitör

3. ☐ sjuksköterska
   ☐ frisör
   ☐ lärare
   ☐ fotograf

4. ☐ kemist
   ☐ advokat
   ☐ ekonom
   ☐ biolog

4 Gift, sambo eller singel?

1. – Eva, är du gift?
   – Ja. Min man Andreas är schweizare. Du då Renate, är du gift?
   – Nej, men jag har två barn. En son, Klaus, och en dotter, Mirja.

2. – Brian, är du gift?
   – Nej, men jag är sambo. Med Sara.
   – Jaha. Är hon svensk?
   – Ja, hon är från Norrköping. Du då, är du också sambo?
   – Jag har en flickvän, men vi bor inte ihop.
   – Nähä.

3. – Agnes, är du gift?
   – Nej, men jag har en flickvän, Kicki. Hon bor i USA nu. Du då, är du gift?
   – Nej, jag är singel. Det är toppen!
   – Jaha, vad bra!

Jaha/nähä
– Jag har en flickvän.
– Jaha.

– Vi bor inte ihop.
– Nähä.

2012 gifte sig 50 616 par i Sverige. 23 422 par skilde sig samma år. En man kan vara gift med en man och en kvinna kan vara gift med en kvinna sedan 2009 i Sverige.

Källa: SCB (2013)

A Prata med varandra.

– Är du gift?
– Nej, men jag har en pojkvän.
– Jaha. Vad heter han?
– ...

Jag är	gift
	singel
	sambo
	skild
	separerad

Jag har en flickvän/tjej
en pojkvän/kille
en sambo
en man
en fru

Jag har barn
en son/pojke (plural: söner/pojkar)
en dotter/flicka (plural: döttrar/flickor)
bonusbarn

B Tre personer talar om familjen. Vilka ord hör du? Kryssa för rätt alternativ.

1 ☐ gift
☐ singel
☐ pojkvän
☐ flickvän
☐ man

2 ☐ flickvän
☐ sambo
☐ man
☐ son
☐ dotter

3 ☐ gift
☐ singel
☐ son
☐ dotter

C Skriv en text om personerna på fotot.

> **Är** du gift?
> Jag **har** en pojkvän.

Verb: presens – NU eller generellt

D Läs texten och stryk under alla verb.

Steven <u>kommer</u> från England, men han bor i Göteborg. Han talar engelska, svenska och lite tyska. Steven har en svensk sambo. Hon heter Anna och studerar ekonomi på universitetet. Hon jobbar extra på en restaurang. Steven är tandläkare och arbetar nära universitetet.

ÖB 1:7

E Sortera och säg meningarna.

1. franska du talar ?
2. inte Georgios gift är .
3. kommer Juan varifrån ?
4. matematik Lisa studerar .
5. språk vad du talar för ?
6. två barn Renate har .
7. jobbar med du vad ?
8. ingenjör studerar Kim till .
9. jobb Johan söker .

> Titta vad lätt:
> jag *är*, du *är*, han/hon *är*, den/det *är*, vi *är*, ni *är*, de *är*.
> Verbet har samma form i svenskan!

16 • RIVSTART A1+ A2 Textbok   Kopiering av detta engångsmaterial är förbjuden enligt lag och gällande avtal.

5 Alfabetet

Alfabetet

A [a]	K [kå]	U [uʷ]
B [be]	L [el]	V [ve]
C [se]	M [em]	W [dubbelve]
D [de]	N [en]	X [eks]
E [e]	O [oʷ]	Y [yʲ]
F [ef]	P [pe]	Z [säta]
G [ge]	Q [ku]	Å [å]
H [hå]	R [er]	Ä [ä]
I [iʲ]	S [es]	Ö [ö]
J [jiʲ]	T [te]	

A Fråga varandra och skriv.
Exempel:

– Vad heter du i efternamn?
– Rojas.
– Hur stavar du det?
– R - O - J - A - S

B Stava andra namn för varandra.

ÖB 1:8–12

Skriv!

Skriv om dig själv. Använd texten om Eva som inspiration.

Jag heter Eva. Jag kommer från Umeå men jag bor och jobbar i Stockholm nu. Jag är ingenjör. Jag pratar engelska och tyska. Och svenska såklart. Min man, Andreas, är från Schweiz. Han är läkare och forskar på Karolinska institutet. Andreas talar tyska, italienska, engelska och lite svenska. Jag förstår pyttelite italienska. Andreas och jag pratar tyska med varandra.

2

1 Hej och tjena!

☺ ☹

1. – Hej, hur mår du?
   – Bara bra, tack! Och du?
   – Jo tack, det är bra!

2. – Tjena, hur är läget?
   – Det är lugnt! Själv?
   – Det är kanonbra!

3. – Hejsan, hur är det?
   – Fint! Du?
   – Bara bra!

4. – Allt väl?
   – Ja, tack! Och själv?

5. – Hej, hur mår du?
   – Helt okej. Jag jobbar för mycket. Själv då?
   – Jodå ... Som vanligt.

6. – Tja! Hur är det?
   – Det är så där. Hur är det med dig?
   – Nja, så där.

7. – Hur står det till?
   – Ganska dåligt faktiskt. Jag är förkyld. Hur mår du själv?
   – Inte så bra. Jag är så trött.

8. – God morgon! Hur är det?
   – Så där. Jag är jättetrött.
   – Oj då. Drick lite kaffe!

A Hälsa, fråga och svara.
Exempel:

– Hej hej! Hur är läget?
– Det är bara bra! Själv då?

Hälsa	Fråga	Svara ☺	Svara ☹	Retur
Hej!	Hur mår du?	(Jag mår)/(Det är)…	(Jag mår)/(Det är)	Och du?
Hej hej!	Allt väl?	…bra!	…okej.	Själv då?
Hejsan!	Hur är läget? (I)	…bara bra!	…helt okej.	Du då?
Tjena! (I)	Hur är det? (I)	…fint!	…så där.	Hur mår du själv?
Tja! (I)	Läget? (I)	…kanonbra!	…inte så bra.	Hur är det med dig?
Hallå!*	Hur står det till? (F)	…toppen!	…ganska dåligt.	
God morgon.		Det är lugnt!		
God dag. (F)				

*I Göteborg och västra Sverige.   (I) Informellt (F) Formellt

B Skriv 2–3 dialoger tillsammans.

C Lyssna på dialogerna i *Hej och tjena*. Vilka ord har betoning? Ringa in.
Exempel:

(Hej,) hur (mår) du?

D Lyssna igen. Lång vokal eller lång konsonant? Markera.
Exempel:

Hej, hur m<u>å</u>r du?

E Lyssna igen. Vad uttalar vi inte? Markera.

F Prata om markeringarna.
Exempel:

– **Hej** och **mår** är betonade. **Hej** har lång konsonant (j) och **mår** har lång vokal (å). Vi uttalar inte **r** här.

G Lyssna på intonationen i slutet på fraserna. Går tonen upp eller ner?

H Hur mår de? Kryssa för rätt alternativ.

	☺	☹		☺	☹
1	☐	☐	4	☐	☐
2	☐	☐	5	☐	☐
3	☐	☐			

> I Sverige säger vi "du" till alla men inte till kungen.

ÖB 2:1

2 Vad gör du i Sverige?

1 Noi kommer från Thailand och pluggar i Uppsala nu. Hon läser svenska för hon är intresserad av Sverige. Hon jobbar också som journalist och skriver för en thailändsk tidning på nätet. Hon skriver om Sverige och Norden. Noi trivs i Sverige, men hon längtar efter familj och vänner i Thailand. De pratar ofta på Skype och i telefon.

2 Alberto är IT-ingenjör och kommer från Spanien. Han jobbar på ett spelföretag i stan. På jobbet talar han engelska, spanska och lite svenska. Han är singel och har en katt, Frasse. Han pluggar svenska med Noi. Alberto trivs ganska bra i Sverige men han längtar efter sol ibland. Albertos mamma och pappa kommer till Sverige en vecka i sommar. Det blir roligt.

3 Renate kommer från Berlin, men hon bor i Sverige nu. Renate är pensionär. Hon är intresserad av svenska deckare och svensk jazz. Renates barn kommer till Sverige ibland. De studerar svenska hemma i Berlin.

Skandinavien är Sverige, Norge och Danmark. Norden är Sverige, Island, Norge, Danmark (med självstyrande Färöarna och Grönland) och Finland (med självstyrande Åland).

Arbeta 2–3 personer. En person är Noi, en person är Alberto och en person är Renate. Fråga varandra.

- Vad heter du?
- Vad talar du för språk?
- Är du gift eller singel?
- Vad gör du i Sverige?
- Trivs du i Sverige?

> Svenskan har verb med **–s** i presens också, till exempel trivs, ses, hörs.

ÖB 2:2

3 En fest

Noi har en fest för vänner och klasskompisar.

1 Noi: Välkomna!
Daniel: Hej! Hur är läget? Det här är min flickvän Pernilla.
Noi: Hej Pernilla, vad trevligt! Jag heter Noi.
Pernilla: Hej Noi, trevligt att träffas. Fin lägenhet!
Noi: Tack! Jag trivs bra här. Kom in! Det här är Alberto.
Pernilla: Hej Alberto. Läser du svenska med Noi och Daniel?
Alberto: Ja, precis.

2 Pernilla: Noi, vad har du för yrke?
Noi: Förlåt, jag förstår inte "yrke".
Pernilla: Hmm… "Jobb", vad har du för jobb?
Noi: Jag är journalist. Jag skriver för en webbtidning.
Pernilla: Jaha, skriver du på engelska?
Noi: Nej, på thai. Vad heter "article" på svenska?
Pernilla: Artikel.
Noi: Okej, jag skriver en artikel om svensk mat nu.
Pernilla: Jaha, vad kul!

3 Daniel: Tack, Noi! Vi ska gå nu.
Noi: Det var roligt att träffas, Pernilla!
Pernilla: Ja, tack detsamma.
Daniel: Vi ses på kursen på måndag, Noi!
Noi: Just det. Ha det så bra!
Daniel: Du med! Hej då!
Noi: Hej hej!

KAPITEL 2 • 21

Subjektspronomen	
jag	vi
du	ni
han hon den det man	de [dom]

A Säg rätt pronomen i fraserna. Komplettera fraserna.
Exempel:

Katarina kommer från Grekland. … är ….

– Katerina kommer från Grekland. Hon är läkare.

> jag   du   han   hon   vi   ni   de

1 – Det här är Ola och Jenny.
   … kommer …
2 – Det här är Maria. … är …
3 – Vad pluggar ni?
   – … studerar …

4 – Var arbetar …?
   – Jag jobbar på …
5 – Bengt och Kenneth är gifta.
   … har …

ÖB 2:3

B Säg rätt frågeord i fraserna.

> varför   hur   vad   var   varifrån

1 – … bor du?
   – I Göteborg.
2 – … heter du?
   – Ulla.
3 – … kommer du?
   – Från Kina.

4 – … läser du svenska?
   – Jag jobbar här.
5 – … mår du?
   – Så där.

ÖB 2:4

C Mingla och presentera er för varandra. Fråga vad ni gör i Sverige. Fråga alla i gruppen och skriv en lista.
Exempel:

A – Hej! Vad gör du i Sverige? A – Jag jobbar på ett IT-företag. Det här är Jenny.
B – Jag pluggar här. Du då? C – Hej Jenny! Vad kul!

Det här är …
Vad kul!
Trevligt att träffas.
(Det var) roligt att träffas.
(Tack) detsamma.

NAMN	VARFÖR ÄR DU I SVERIGE / VARFÖR LÄSER DU SVENSKA?
Daniel	Han har en svensk flickvän
Noi	Hon är intresserad av Sverige.

4 Vad har du i väskan?

En journalist frågar folk på stan: "Vad har du i väskan?"

– Ursäkta, vad har du i väskan?
– I väskan? Tja … en mobiltelefon, ett tuggummipaket och en läsplatta. Här har jag en kam, en ordbok, ett cerat, en mössa och en penna och ett suddgummi också.
– Okej, tack så mycket.
– Det var så lite.

A Titta på bilden. Vad har de i väskan? Vad tror ni? Diskutera och skriv en lista.

Förslag
Jag tror att hon/han har en/ett … i väskan.

Respons
Ja, absolut!
Ja, kanske, eller en/ett …
Nej, jag tror att hon/han har en/ett … i väskan.

B Vad har personerna i väskan? Komplettera listan.

1 En bussbiljett, ett _____, en banan, en _____,

   en flaska vatten och en _____.

2 En mobiltelefon, ett _____, en läsk, en penna,

   en _____, pengar och en _____.

3 En tröja, ett par skor, en necessär, en _____, ett pass,

   en _____, ett paket tuggummi och en _____.

C Vad har ni i väskan? Visa varandra.

D Fråga läraren: – Vad heter det här på svenska?

E Skriv upp alla nya ord på tavlan.

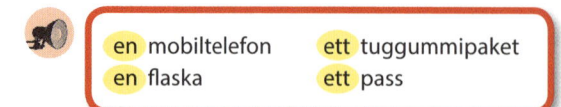

---

en mobiltelefon   **ett** tuggummipaket
en flaska   **ett** pass

Substantiv: singular obestämd form

F Skriv 10 substantiv *utan artikel* på ett papper.
Exempel:

   bok, papper, halsduk,

G Byt papper med varandra. *En* eller *ett*? Sortera.
Exempel:

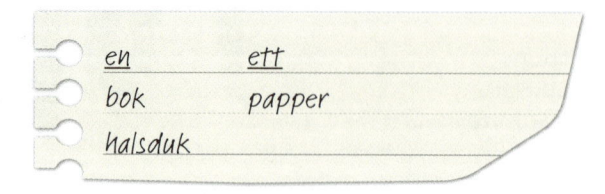

   en   ett
   bok   papper
   halsduk

ÖB 2:5

H Vokalen **a**. Lyssna och imitera.

A	A + lång konsonant
advok<u>a</u>t pot<u>a</u>tis ban<u>a</u>n vok<u>a</u>l Austr<u>a</u>lien	pa<u>pp</u>er ka<u>ff</u>e va<u>tt</u>en konsona<u>nt</u> Spa<u>ni</u>en

I Lyssna. Markera långt **a** eller lång konsonant.
Exempel:

advok<u>a</u>t, pa<u>pp</u>er

1 Daniel
2 Spanien
3 Italien
4 fotograf
5 sambo

6 man
7 namn
8 bra tack
9 ganska bra
10 jazz

ÖB 2:6–11

Skriv!

Skriv en text: *Varför läser du svenska?* eller *Vad gör du i Sverige?*
Exempel:

Jag bor i Sverige med min sambo Nils. Han är ekonom. Jag är också ekonom. Nu studerar jag svenska och söker jobb. Jag har inte barn men jag har en hund. Han heter Pompe. Jag trivs bra i Sverige men jag längtar efter fransk mat ibland.

3

1 Räkna

A Skriv siffrorna på rätt plats.

0	6	12	18	30	90
1	7	13	19	40	100
2	8	14	20	50	101
3	9	15	21	60	102
4	10	16	22	70	1000
5	11	17	23	80	1000 000

_____ fem   _____ tjugo   _____ noll   _____ en miljon

_____ arton   _____ en/ett   _____ tre   _____ sex

_____ åtta   _____ elva   _____ femton   _____ två

_____ sexton   _____ tio   _____ nitton   _____ femtio

_____ tjugoen   _____ fyra   _____ sjutton   _____ tjugotre

_____ trettio   _____ nio   _____ fyrtio   _____ tolv

_____ tretton   _____ sextio   _____ sjuttio   _____ tjugotvå

_____ åttio   _____ nittio   _____ sju   _____ hundra

_____ fjorton   _____ ettusen   _____ hundraen   _____ hundratvå

B Lyssna på hur man uttalar siffrorna. Markera lång vokal eller lång konsonant.

C Tjugo-ljudet [ç] och sju-ljudet [ʃ]. Lyssna och imitera.

sju-ljudet (bakre)

tjugo-ljudet   sju-ljudet (främre)

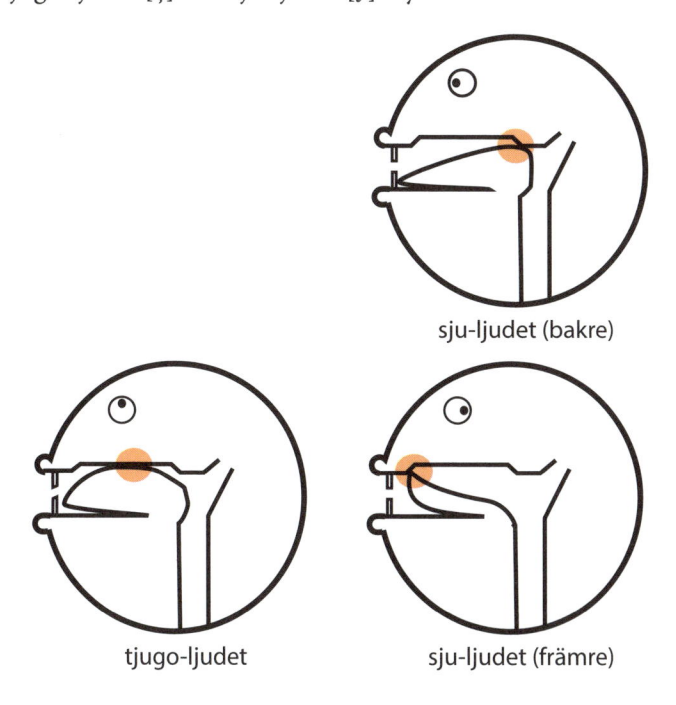

Tjugo-ljudet	Sju-ljudet
tjugo tjej tjena kemist Kina	sju skild chaufför kanske position

D Lyssna. Vilket ljud hör du?

TJUGO-LJUDET SJU-LJUDET   TJUGO-LJUDET SJU-LJUDET

1 ☐ ☐   6 ☐ ☐
2 ☐ ☐   7 ☐ ☐
3 ☐ ☐   8 ☐ ☐
4 ☐ ☐   9 ☐ ☐
5 ☐ ☐   10 ☐ ☐

E Säg jämna tal. Säg udda tal. Räkna baklänges.
   Exempel:

   – 0, 2, 4...   – 1, 3, 5...   – 40, 39, 38...

   Det är lätt att blanda ihop 1, 8 och 80. Och 40 och 70. Lyssna extra noga!

F Kasta tärningar. Säg talet.
   Exempel:

   – Femhundratrettiosex.

G Kasta tärningarna igen. Öva matematik.
   Exempel:

   5 + 3 + 6 = 14   – Fem plus tre plus sex är fjorton.
   eller:
   5 – 3 + 6 = 8   – Fem minus tre plus sex är åtta.

   ÖB 3:1

2 Vilken gata bor du på?

1 – Vilken gata bor du på?
   – På Linnégatan.
   – Jaha, där bor min mamma också!
   – Vilket nummer bor hon på?
   – 68. Du då?
   – 14.

2 – Hur många barn har du?
   – Sju.
   – Oj!

3 – Vad har du för telefonnummer?
   – 0792-32 47 89.
   – Okej, tack. Jag ringer dig imorgon.

4 – När är du född?
   – 1973. Du då?
   – 1981.
   – Jaha, samma år som min lillasyster!

5 – Morfar, är du gammal?
   – Ojojoj, ja, jag är mycket gammal.
   – Ja, men hur gammal är du? 100 år?
   – Nej, så gammal är jag faktiskt inte. Jag fyller 83 i år.

6 – Hur mycket kaffe dricker man i Sverige?
   – Ungefär 150 liter per person och år.
   – Oj, vad mycket!

(19)

Frågeord
Vilken? Vilket? Vad ... för? Hur många? Hur mycket?

ÖB 3:2–3

A Fråga varandra.

Vad har du för telefonnummer?
Vilken gata bor du på? Vilket nummer?
Hur gammal är du?/När är du född? o.s.v.

B Vilka tal hör du? (20)

1 _____ 2 _____ 3 _____ 4 _____ 5 _____

3 Hur mycket är klockan?

1 – Ursäkta, hur mycket är klockan?
   – Hon är halv sju.
   – Tack!

2 – Vad är klockan?
   – Den är fem över sju.
   – Okej. Tack så mycket.

3 – Ursäkta, har du en klocka? (21)
   – Ja, hon är kvart i sju.
   – Oj, redan!

4 – Vet du vad klockan är?
   – Ja, hon är prick sju.
   – Jaha. Tack!

A Kombinera.

| halv | fem över | fem över halv | kvart över | fem i | kvart i | fem i halv |

1 Klockan är _____ sju.
2 Klockan är _____ sju.
3 Klockan är _____ sju.
4 Klockan är _____ sju.
5 Klockan är _____ sju.
6 Klockan är _____ sju.
7 Klockan är _____ sju.

en sekund   en minut   en kvart   en halvtimme   en timme

B Fråga varandra om tiden.

1   3   5   7   9

2   4   6   8   10

Fråga
Hur mycket är klockan?
Vad är klockan?

Svara
Hon/den är …

ÖB 3:4

När är det fika?

– Anders, har du programmet för konferensen imorgon?
– Ja, självklart.
– Kanon! Vilken tid börjar vi?
– Klockan nio.
– Okej. Och hur dags äter vi lunch?
– Klockan tolv, tror jag.
– När är det fika då?
– Det är två fikapauser, en kvart över tio och en klockan tre.
– Vad bra! En sista fråga, när slutar vi?
– Vi slutar vid fem.
– Okej, tack. Vi ses imorgon!
– Ja, vi ses.

När börjar vi?
Hur dags äter vi lunch?
Vilken tid är det fika?

Fråga om tid

C Fråga varandra.

• Vilken tid/när/hur dags börjar kursen?
• Vilken tid/när/hur dags slutar kursen?
• Vilken tid/när/hur dags har ni fikapaus?

ÖB 3:5

4 Renate

A Lyssna på *Renates dag*. Titta inte i texten här nedanför. Kryssa för i listan vilka aktiviteter ni hör.

- ☐ vaknar
- ☐ stiger upp
- ☐ dricker kaffe
- ☐ äter frukost
- ☐ fikar
- ☐ tar taxi
- ☐ dansar
- ☐ träffar en väninna
- ☐ äter lunch
- ☐ röker
- ☐ promenerar
- ☐ pratar
- ☐ skriver ett mejl
- ☐ städar
- ☐ tar en tupplur
- ☐ lagar mat
- ☐ äter middag
- ☐ diskar
- ☐ spelar gitarr
- ☐ läser en bok
- ☐ lyssnar på radio
- ☐ surfar på internet
- ☐ tittar på teve
- ☐ dricker vin
- ☐ chattar
- ☐ går och lägger sig
- ☐ somnar

B Jämför med varandra. Har ni markerat samma aktiviteter?

C Läs texten och kontrollera om ni hörde rätt.

Renates dag

Renate är en mycket aktiv pensionär. Hon vaknar alltid klockan sex och stiger upp direkt. Klockan halv sju äter hon frukost. Efter frukosten tar hon bussen till stan. Hon har en danskurs mellan tio och tolv. Renate dansar lindy hop.

Hon älskar dans! Efter dansen är hon mycket hungrig förstås. Klockan ett prick träffar hon en väninna och de äter lunch på en liten restaurang i stan. Idag äter Renate en stor biff med pommes frites och bearnaisesås.

Renate promenerar hem efter lunchen. Det tar nästan en timme.

På eftermiddagen skriver Renate ett mejl till en vän i USA. Hon berättar om livet i Sverige. Sedan tar hon en liten tupplur i soffan.

Klockan halv åtta äter Renate middag. Efter middagen diskar hon och spelar lite piano. Pianot är en present från Klaus, Renates son. Sedan tittar hon på teve. Klockan tio börjar Renates favoritprogram. Det heter Familjen. Sedan lyssnar hon på musik och chattar med en väninna i Tyskland.

Vid tolv är hon mycket trött. Hon går och lägger sig och somnar direkt.

D Stryk under alla subjekt och verb i texten *Renates dag*. Skriv *s* eller *v* under.
Exempel:

<u>Renate</u> <u>är</u> en mycket aktiv pensionär. <u>Hon</u> <u>vaknar</u> alltid klockan sex…
  s   v   s   v

Klockan halv sju <u>äter</u> <u>hon</u> frukost. Efter frukosten <u>tar</u> <u>hon</u>…
                     v   s   v   s

E Subjekt + verb eller verb + subjekt? Ser ni ett system?

Hon **älskar** dans.
Efter dansen **är** hon…
I dag **äter** Renate…

Verbets position

> Det finns reflexiva verb i svenskan:
> jag lägger mig,
> du lägger dig,
> han/hon lägger sig

ÖB 3:6

F Skriv 7–10 frågor om Renates dag.
Exempel:

Vilken tid vaknar Renate?
Hur dags äter hon frukost?

G Fråga paret bredvid. De svarar men tittar inte i texten.

H Byt roller.

I Säg meningar. Börja med orden i rutan.

| På morgonen | Efter frukosten | På eftermiddagen | Efter skolan |
| Klockan åtta | Klockan tolv | Klockan tre | På kvällen |

Exempel:

– Klockan åtta äter jag frukost.

ÖB 3:6 C

en klocka	klocka**n**	
en frukost	frukost**en**	
ett piano	piano**t**	
ett liv	liv**et**	

Substantiv: singular bestämd form

J Stryk under alla substantiv i *Renates dag*. Är det bestämd eller obestämd form? Skriv en lista med båda formerna.
Exempel:

OBESTÄMD FORM	BESTÄMD FORM
en pensionär	pensionären
en klocka	klockan
en frukost	frukosten

ÖB 3:7

K Berätta om Anjas dag.

Exempel:

– Anja vaknar klockan ett och stiger upp direkt. Hon är jättetrött. Sedan...

L Skriv en text om Anjas dag.

KAPITEL 3 • 33

M Lyssna. Skriv tiden.

1 _____   6 _____

2 _____   7 _____

3 _____   8 _____

4 _____   9 _____

5 _____   10 _____

N Öva svenska utanför klassrummet. Fråga fem personer på stan:
- Vad är klockan?
- När går bussen?

5 Titta!

A Titta på bilderna. Skriv siffrorna vid rätt bild.

A ☐   C ☐

B ☐   D ☐

1 – Titta, en älg!
  – Åh, vad fin!

2 – Sätt på teven! Filmen börjar nu.
  – Okej.

3 – God natt.
  – Sov gott!

4 – Ursäkta, hur kommer man till köpcentret?
  – Gå Krutgatan rakt fram! Det ligger på höger sida.

Titta, en älg!
Sov gott!
Sätt på teven!
Gå rakt fram!

Verb: imperativ

B Titta på verben i imperativ. Vad heter de i presens? Kan ni se ett system för presens och imperativ? (Tips: Slutar imperativen på vokal eller konsonant?)

- Titta!
- Sov!
- Gå!
- Sätt!
- Lyssna!
- Skriv!

ÖB 3:8–13

Skriv!

Skriv en text om en dag i ditt liv. Du kan också fantisera om en känd persons dag. Kontrollera att ordföljden är rätt.
Exempel:

Jag vaknar klockan sju och stiger upp efter en liten stund. Jag dricker ett glas vatten. Sedan yogar jag en timme. Efter yogan dricker jag en kopp örtte och surfar på datorn. Sedan går jag till studion och arbetar sex-sju timmar. Vid ett äter jag en soppa. På kvällen går jag till gymmet och tränar två timmar. Vid tio träffar jag min pojkvän på en restaurang i stan. Jag äter en sallad och dricker ett glas mineralvatten. Efter middagen går vi till en bar och dricker champagne. Jag kommer hem, läser mina mejl och lyssnar på musik. Jag går och lägger mig vid två och somnar direkt.

1 Jag måste köpa …

– Du, vad ska du göra efter kursen?
– Jag ska gå till närbutiken. Jag måste köpa ett kontantkort till mobilen. Och näsdukar, för jag är lite förkyld.
– Jag kan följa med. Jag ska köpa snus. Sedan måste jag äta för jag är jättehungrig. Vill du följa med till kebabstället?
– Ja, gärna. Jag är också ganska hungrig. Jag ska fika med en kompis klockan tre. Kom med du också!
– Tyvärr, jag kan inte fika idag för jag ska träffa farfar. Gärna en annan dag!

Jag **ska gå** till närbutiken. Jag **måste köpa** ett kontantkort.

Hjälpverb + infinitiv
Jag ska går.

Ordet *fika* kommer från kaffe (ka-fe → ka-fi → fi-ka). Man *fikar* eller *tar en fika*. Då dricker man kaffe eller te och äter en bulle, kaka eller smörgås.

Hjälpverb			
kan	vill	ska	måste

A Stryk under alla hjälpverb + infinitiv i *Jag måste köpa…* Jämför med din partner.

B Muntlig övning. Berätta för din partner: Vad *ska* du göra? Vad *vill* du göra? Vad *måste* du göra? Vad *kan* du (inte) göra?

ÖB 4:1

I närbutiken

– Ja, tack! Nästa!
– Hej! Jag skulle vilja ha det här tuggummipaketet.
– Det kostar 12 kronor. Något annat?
– Jag vill ha ett kontantkort också, tack.
– Javisst! De kostar 120 eller 240.
– Då tar jag det för 120. Kan jag få ett paket näsdukar också?
– Självklart! Något mer?
– Nej, tack. Det var bra så.
– Det blir 143 kronor, tack.
– Tar ni kort?
– Absolut. Sätt in kortet här och slå koden.
– Jag har ingen kod, tyvärr.
– Då kan du skriva din namnteckning här. Har du leg?
– Ja, här.
– Vill du ha kvittot?
– Ja, tack.

På kebabrestaurangen

– Hej! En falafelmeny, tack.
– Vill du äta här eller ta med?
– Jag äter här.
– Vad vill du dricka?
– En mellanläsk, tack.

– Var det bra så?
– Jag skulle vilja ha en kaffe också.
– Menyn kostar 67 och kaffet 15. Det blir 82, tack.
– Här är 100.
– Har du 2 kronor?
– Ja, vänta lite… Här.
– Då får du en tjuga tillbaka.
– Tack.

På kaféet

– En latte, tack.
– Vill du ha en liten eller en stor?
– En stor, tack.
– En stor latte. Vill du ha något att äta till kaffet?
– Ja, jag vill ha den där bullen, tack. Vad kostar den?
– Den här? Det är en lyxbulle! Den kostar 26 kronor.
– Jag tar den.
– Varsågod. Då blir det 61 kronor.
– Här.
– Tack! Jag kommer med latten strax.
– Tack.

> På svenska säger vi ofta *tack*. Exempel:
> – En stor latte, tack.
> – Det blir 35 kronor, tack.
> – Tack.
> – Tack, tack.
> Hur säger man på ditt språk?

C Stryk under alla verb i dialogerna här ovanför. Är det imperativ, infinitiv eller presens?

ÖB 4:2–4

Jag vill ha den där bullen, tack.
Jag skulle vilja ha det här tuggummipaketet

Det här och den där tack!

Demonstrativt pronomen + substantiv

D Titta på prislistorna nedan. Säg fraser med demonstrativt pronomen.
Exempel:

– Den här apelsinen, det där äpplet...

ÖB 4:5

I kiosken

en apelsin	5:-
en dosa snus	47:-
en flaska vatten/läsk	19:-
en glass	15:-
en godispåse	25:-
en tidning	22:-
ett frimärke	11:-
ett paket cigaretter	57:-
ett paket näsdukar	11:-
ett kontantkort	120:- eller 240:-
ett äpple	7:-

På lunchrestaurang

en falafel	35:-
en hamburgare	47:-
en lasagne	67:-
en liten/stor pommes frites	26:-/30:-
en ostsmörgås	46:-
en pizza	73:-
en räksallad	77:-
en stor sushi (11 bitar)	96:-
en thaicurry	83:-
en wrap	59:-
en soppa med bröd	52:-

På kafé

en brownie	31:-
en chokladboll	26:-
en chokladruta	29:-
en dammsugare	23:-
en morotskaka	37:-
en kanelbulle	17:-
en mazarin	21:-
en kopp kaffe/te	20:-
en latte	40:-
ett wienerbröd	19:-
en läsk	27:-
ett glas juice	35:-

E Köp och sälj i kiosken, på lunchrestaurangen eller på kaféet.

Köpa
Jag vill ha … /Kan jag få … /Jag skulle vilja ha …
en/ett …, tack.
den/det här/där … tack.

Sälja
Ja tack, nästa?
Vill du äta här eller ta med?
Varsågod.
Det blir …

Sälja och köpa mer
Var det bra så?
Ja, det var bra så, tack./Nej, jag vill ha
en/ett … också, tack.

Något annat/mer?
Nej, det var bra så, tack./Ja, jag vill ha
en/ett … också.

F Några ord har betoning (lång vokal eller lång konsonant) i början. Några har betoning i slutet. Lyssna på orden och stryk under lång vokal eller konsonant. (28)
Exempel:

fla_s_ka, apels_i_n

1 en påse
2 en tidning
3 ett paket
4 ett äpple
5 en falafel
6 en pizza
7 en soppa
8 en mazarin
9 en latte
10 en tomat
11 en fika
12 ett kvitto

en näsa + en duk = en **näsduk**
kontant + ett kort = ett **kontantkort**

Sammansatta ord är två eller flera ord i ett ord.
Sammansatta ord har två långa ljud.

G Markera alla sammansatta ord i menyn från lunchrestaurangen och kaféet.

H Lyssna på sammansatta ord och stryk under långa ljud. (29)
Exempel:

fri_märke, näsduk, kontantkort.

1 en ostsmörgås
2 en räksallad
3 en thaicurry
4 en chokladboll
5 en chokladruta
6 en dammsugare
7 en morotskaka
8 en kanelbulle
9 ett wienerbröd
10 en lyxbulle
11 en godispåse
12 en kebabrestaurang

I Lyssna på dialogen *På kebabrestaurangen*. Vilka ord har betoning? Ringa in.

J Lyssna igen. Lång vokal eller lång konsonant? Markera.

K Lyssna igen. Vad uttalar vi inte? Markera.
Exempel I–K:

– Vill du äta här? eller ta med?

L Skriv en egen dialog från en närbutik, ett snabbmatsställe eller en restaurang. Läs för varandra i klassen.

2 På torget

A Kombinera bild och ord. Skriv rätt bokstav.

1 paprikor _____   4 purjolökar _____   7 äpplen _____
2 gurkor _____   5 apelsiner _____   8 päron _____
3 druvor _____   6 bananer _____

40 • RIVSTART A1+ A2 Textbok

B Lyssna. Vad kostar det?

1. paprikor ____ för _____ :-
2. gurkor ____ för _____ :-
3. vindruvor _____ :– / kilo.
4. purjolökar _____ :– styck.
5. apelsiner _____ kilo för _____ :-
6. bananer ____ för _____ :–
7. äpplen ____ för _____ :–
8. päron _____ :– / kilo.

---

1. gurk**or**
2. purjolök**ar**
3. tomat**er**
4. äpple**n**
5. päron **–**
   hamburgare**-**

Substantiv:
plural obestämd form, 5 grupper

Nya engelska ord har ibland **s** i plural:
wraps
brownies
snacks

C Sortera. Titta på pluralformen.

apelsiner	flaskor	frimärken	smörgåsar	dammsugare
bananer	glassar	paket	pizzor	kanelbullar
vindruvor	persikor	kontantkort	sallader	koppar
chokladkakor	påsar	äpplen	chokladbollar	wienerbröd
dosor	tidningar	hamburgare	chokladrutor	kvitton

Exempel:

1 -or	2 -ar	3 -er	4 -n	5 -
GURKOR	PURJOLÖKAR	TOMATER	ÄPPLEN	PÄRON
paprikor				hamburgare

D *En* eller *ett*? Säg orden i C i singular.
Exempel:

gurkor → – En gurka

ÖB 4:6

KAPITEL 4 • 41

3 I mataffären

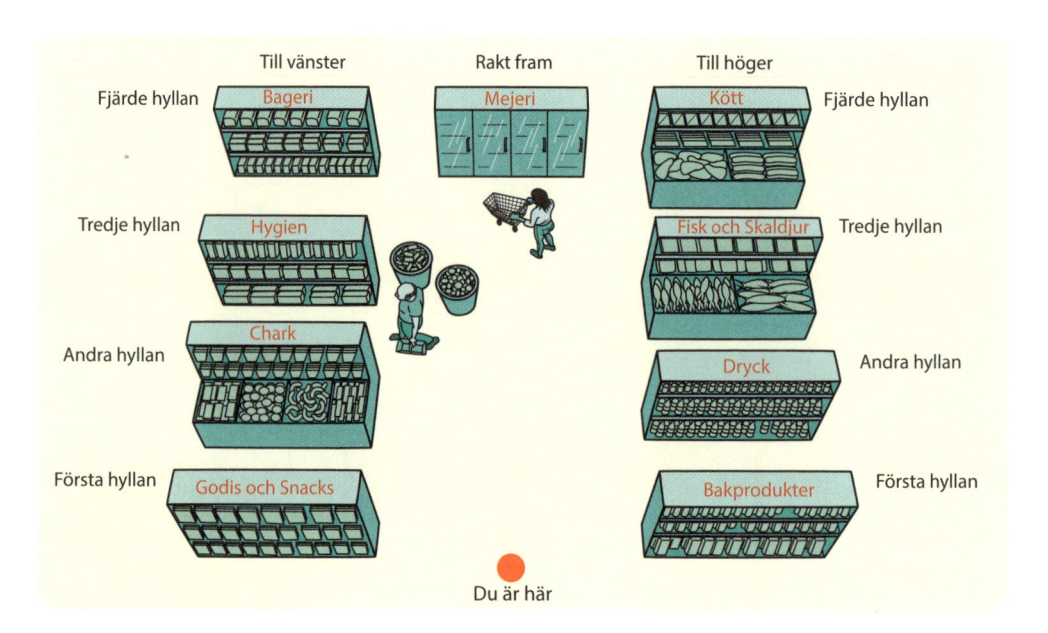

Till vänster — Rakt fram — Till höger

Fjärde hyllan: Bageri — Mejeri — Kött : Fjärde hyllan
Tredje hyllan: Hygien — Fisk och Skaldjur : Tredje hyllan
Andra hyllan: Chark — Dryck : Andra hyllan
Första hyllan: Godis och Snacks — Bakprodukter : Första hyllan

Du är här

1. – Du ursäkta, var finns kakao?
   – Första hyllan till höger här.
   – Och falukorv?
   – Andra hyllan till vänster.

2. – Ursäkta, har ni turkisk yoghurt?
   – Där, rakt fram.
   – Tack.

3. – Förlåt mig, var finns schampo?
   – Ehh … kom så ska jag visa.

4. – Hej! Parmesanost …?
   – Den är slut, tyvärr.

E Titta på kartan över affären här ovanför. Fråga varandra om varorna i rutan.
Exempel:

– Du ursäkta, var finns mjölk?
– Rakt fram.

lättöl	ostbågar	mjöl	läsk	saltlakrits
fil	tvål	räkor	ost	fläskkotletter
köttfärs	smör	sill	socker	duschkräm

F Kombinera förpackning och vara.
Exempel:

> en påse räkor

en burk    en dosa    en flaska    en påse

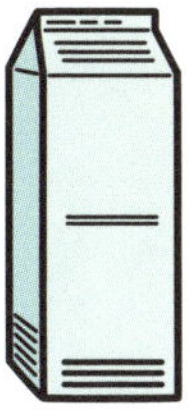

ett paket    en tub    en ask

chips	kaviar	marmelad	olja	tandkräm
choklad	ketchup	mineralvatten	~~räkor~~	tandpetare
cigaretter	knäckebröd	mjukost	schampo	tändstickor
fil	lingonsylt	mjöl	sill	ärtor
godis	läsk	mjölk	snus	öl

G Prata om vad ni ska äta idag.
Exempel:

– Vad ska du äta ikväll?

– Jag vill laga pizza.

– Vad gott! Vad behöver du då?

– Jag måste köpa mjöl, tomater, ost och skinka.

– Och oliver?

– Ja, det är en bra idé. Vad är du sugen på?

– Pytt i panna!

H Vokalerna **o**, **å** och **a**. Lyssna och imitera

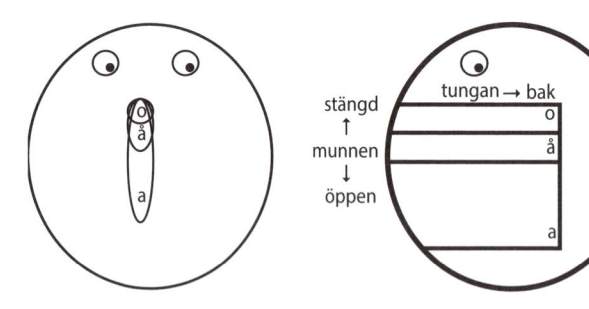

stängd
↑
munnen
↓
öppen

tungan → bak

O	Å*	A
g**o**dis kr**o**nor r**o**lig bet**o**ning positi**o**n	spr**å**k bi**o**log ek**o**nom s**o**n telef**o**n	advok**a**t pot**a**tis ban**a**n vok**a**l Austr**a**lien
O + lång konsonant	**Å* + lång konsonant**	**A + lång konsonant**
ost id-k**o**rt h**o**n	lå**ng** k**o**rv ko**pp** k**o**star no**rr**a	pa**pp**er ka**ff**e va**tt**en konsona**nt** Spa**n**ien

*Å skriver man med o eller å.

I Lyssna. Hör du **o**, **å** eller **a**?

___rne ___kesson   ___dam B___dström
___la ___ronsson   N___ra Th___ström
___ke J___hansson   M___rten ___hl
T___re ___kerlund   L___ve F___gelström
___sa Kl___sson   Kl___ra Th___rsson

J Lyssna igen på I. Markera lång vokal eller konsonant.

ÖB 4:7–12

Skriv!

Vad ska du äta till middag? Skriv en inköpslista.
Exempel:

ett paket mjöl (2 kg)
en burk tomater
en påse riven ost
ett hekto skinka
en burk oliver

kilo (kg)
hekto (hg) (= 100 g)
gram (g)

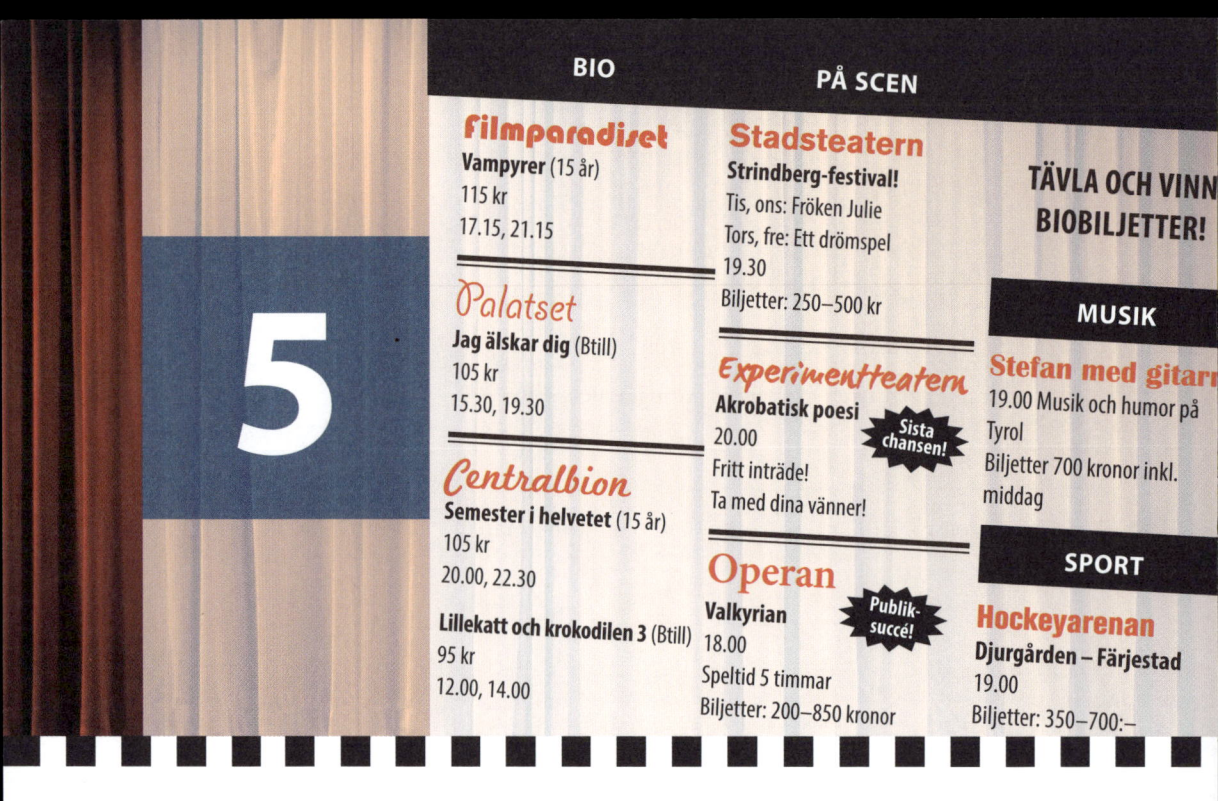

BIO

Filmparadiset
Vampyrer (15 år)
115 kr
17.15, 21.15

Palatset
Jag älskar dig (Btill)
105 kr
15.30, 19.30

Centralbion
Semester i helvetet (15 år)
105 kr
20.00, 22.30

Lillekatt och krokodilen 3 (Btill)
95 kr
12.00, 14.00

PÅ SCEN

Stadsteatern
Strindberg-festival!
Tis, ons: Fröken Julie
Tors, fre: Ett drömspel
19.30
Biljetter: 250–500 kr

Experimentteatern
Akrobatisk poesi
20.00
Fritt inträde!
Ta med dina vänner!
Sista chansen!

Operan
Valkyrian
18.00
Speltid 5 timmar
Biljetter: 200–850 kronor
Publiksuccé!

TÄVLA OCH VINN BIOBILJETTER!

MUSIK

Stefan med gitarr
19.00 Musik och humor på Tyrol
Biljetter 700 kronor inkl. middag

SPORT

Hockeyarenan
Djurgården – Färjestad
19.00
Biljetter: 350–700:–

1 Ska vi gå på Experimentteatern?

1 – Vill du se Valkyrian på Operan nästa vecka?
– Vilken dag?
– På tisdag.
– Tyvärr, jag kan inte. Jag ska träffa Peter då.
– Jaha. Vad synd!

2 – Kicki och jag ska gå på bio på lördag. Vill du hänga med?
– Ja, vad kul! Vad ska ni se för film?
– Semester i helvetet.
– Okej. Var går den?
– På Centralbion. Den börjar klockan åtta.
– Då kanske vi kan ta ett glas vin efter?
– Absolut!

3 – Har du lust att gå på hockey med mig på onsdag?
– Ja, gärna. Vilka spelar?
– Det är Djurgården mot Färjestad, på Hockeyarenan.
– Vad skoj! När är det?
– Klockan sju. Jag fixar biljetter.
– Toppen!

4 – Vad ska du göra på fredag?
– Jag vet inte. Hur så?
– Jag har två biljetter till Stadsteatern. Vill du följa med?
– Det låter kul. Vad är det för pjäs?
– Ett drömspel.
– Jaa … jag vet inte, Strindberg är inte precis min favorit.
– Nej, men okej. Då frågar jag Sergej i stället.

5 – Ska vi gå på Experimentteatern ikväll?
   – Experimentteatern? Vad går där?
   – Det är Akrobatisk poesi. Gratis!
   – Nja, jag vet inte. Kan vi inte ta en öl i stället?
   – Tja, varför inte.

> *Jag vet inte* betyder ofta 'nej'.
> *Jaaa* + hög ton betyder också 'nej' i den här typen av situationer. Lyssna på melodin!

Veckodagar
måndag tisdag onsdag torsdag fredag lördag söndag

A Lyssna på meningarna. Hur uttalas *att* och *och*?

1 Har du lust att ta en öl och sedan gå på bio?
2 Jag tycker om att gå på hockey och fotboll.

B Säg meningarna.

1 Det är kul att gå på teater
2 Har du lust att gå på bio ikväll?
3 Jag tycker inte om att gå på opera.

C Lyssna på dialogerna 1–5 igen. Vilka ljud/bokstäver uttalar vi inte? Markera i texten.

D Titta på annonserna på s. 46 och diskutera vad ni ska göra. När ska ni göra det?

Fråga
Vill du/ni …
Har du/ni lust att …
Ska vi …?

{ … gå på/se (+ aktivitet) … }

… på måndag?
… ikväll?
… imorgon?
… imorgon kväll?
… nästa vecka?

Svara

Positivt
Ja, gärna!
Ja, vad kul/roligt/skoj!
Det låter kul/roligt/skoj!

Negativt
Nja, jag vet inte …
Hmm, kanske.
Kan vi inte … i stället?
Tyvärr. Jag kan inte. Jag måste …

– Jag ska gå på hockey ikväll.   – Vad kul/roligt/skoj!
– Jag kan inte följa med på bio.   – Vad synd!

E Vad svarar du? Skriv *Vad kul/roligt/skoj!* eller *Vad synd!* där det passar in.

1 – Jag kan inte komma på kursen imorgon.   – _____!
2 – Jag ska gå på en stor fest på fredag.   – _____!
3 – Jag kan inte gå på teater på lördag. Jag måste plugga.   – _____!
4 – Jag ska åka till Göteborg och gå på fotboll nästa vecka.   – _____!

Jag **ska** träffa Peter på tisdag.

Verb: presens futurum.
Subjektet planerar/bestämmer.

F Vad ska ni göra på måndag, tisdag o.s.v? Berätta för varandra.
Exempel:

– På måndag ska jag träffa en kompis från universitetet.
– På tisdag ska jag spela squash.

ÖB 5:1

2 Vad gör du på fritiden?

A Vem gör vad? Vad tror ni? Skriv 1–5 vid fotona.

Åke 65, Umeå

1 Jag brukar träffa vänner. Vi går ofta på teater eller konsert. Jag älskar klassisk musik! På tisdagar går jag alltid på vattengympa. Jag går sällan på restaurang, men jag äter ofta middag med vänner hemma.

Barbro 59, Hägersten

2 Jag brukar lyssna på musik och titta på filmer på datorn. Jag gör filmer själv också. Ibland går jag på bio med kompisar. På söndagar tränar jag med min hund Apollo. Han tycker om att göra trick.

Shirin 32, Stockholm

3 Jag har inte så mycket fritid, men jag brukar läsa böcker. Ibland promenerar jag i parken. På måndagar sjunger jag alltid i en kör. Det är fantastiskt! Jag gillar att laga mat också. Jag lagar ofta asiatisk mat.

Nils 45, Göteborg

4 På fritiden brukar jag jobba i trädgården. Jag och min sambo har en stor trädgård med många blommor. Vi åker sällan till stan. På söndagar åker jag ofta på auktioner på landet. Jag tycker om fina saker.

Emil 22, Falun

5 Jag brukar jaga och fiska. Ibland går jag till biblioteket och läser tidningar. Jag går aldrig på bio, men jag tittar på teveserier ibland. Jag gillar polisserier. Min fru och jag brukar åka till Spanien på vintern. Vi har en lägenhet där.

B Diskutera med paret bredvid.

Vi tror att 1 är Åke.   Ja, det tror vi också.
Nja, vi tror att 1 är Shirin.   Tror ni?

Adverb för frekvens

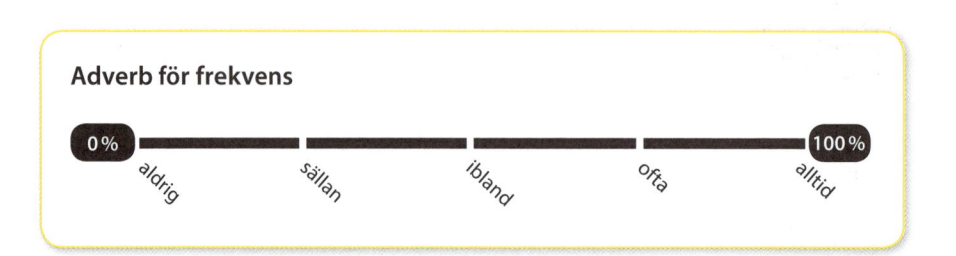

0% — aldrig — sällan — ibland — ofta — alltid — 100%

Jag går aldrig/sällan/ofta/alltid på bio.

SPECIAL
Jag går på bio ibland.
Ibland går jag på bio.

Adverbets position

C Vad har du för intressen? Skriv en lista.

D Berätta för varandra. Vad gör du ofta/sällan/ibland/aldrig på fritiden? Vad gör du en vanlig vecka?
Exempel:

– Jag går sällan på konsert.
– På måndagar går jag på yoga.

Intressen

spela	åka	gå i	gå på	titta på
fotboll	skidor	naturen/parken	teater	teve
innebandy	skridskor	kyrkan	bio	film
hockey	skateboard		opera	
schack			konsert	
poker/kort			auktioner	
spel			museum	
trumpet			gym	
			krogen	
			klubb	
			restaurang	
			bar	

ÖB 5:2

E Lyssna på de två dialogerna.

37))

F Lyssna igen och svara på frågorna.

Dialog 1:
1. Vad gör Eva på tisdagar?
2. Vilka dagar tränar Eva hockey?
3. Vad gör Eva sällan?
4. Vad gör Eva och hennes pappa på söndagar?

Dialog 2:
1. Vad gör Adam på måndagar?
2. Vad gör Adam på tisdagar?
3. Vad gör Adam på onsdagar?
4. Vad gör Adam på torsdagar?
5. Vad gör Adam på fredagar?

> Jag tycker om fina saker.
> Jag gillar **att** laga mat.

Tycker om/gillar (att)

G Titta i texterna i *Vad gör de på fritiden?* Stryk under alla fraser med *tycker om/gillar*. När har man *att* efter *tycker om/gillar*?

H Vad tycker ni om/Vad gillar ni? Vad tycker ni om att göra? Berätta för varandra.
Exempel:

– Jag tycker om att fiska.
– Jag gillar kanelbullar.

ÖB 5:3

KAPITEL 5 • 51

3 Vilken film ska vi se?

Det är söndag och Per och Mia vill gå på bio ikväll. De läser bioannonserna i tidningen. Vilken film ska de se?

Per: Jag skulle vilja se en härlig, romantisk film ikväll. Vi kanske kan se *Jag älskar dig*?

Mia: Nja, jag vet inte. Kan vi inte se en historisk film i stället? Titta, på Rex går *Platon, Aristoteles och jag*. Den är bra, tror jag!

Per: Men den börjar klockan sju och slutar halv elva! Jag vill inte se en så lång film.

Mia: Okej. Men den här då: *Semester i helvetet*? En klassisk, engelsk skräckfilm.

Per: Mia, jag tycker inte om läskiga filmer!

Mia: Hmm, vad svårt! Men du, det går ett roligt program på teve ikväll, *Sveriges kungar efter Gustav Vasa*. Det kan vi se! Då kan vi ha en hemmakväll i stället.

Per: Okej, då. I så fall kan jag titta lite på fotbollsmatchen också.

---

en romantisk film
ett rolig**t** program
läskig**a** filmer

Adjektiv: former

A Stryk under alla adjektiv i texten och titta på rutan här ovanför. Titta på formerna. Kan ni se ett system?

B Säg rätt form av adjektivet.

- romantisk — 1 – Ska vi se en … film?
- dålig romantisk — 2 – Nej, vi ser alltid …, … filmer.
- fransk — 3 – Ska vi se en … film?
- svår — 4 – Nej, franska filmer är så …!
- härlig italiensk — 5 – Vi kan titta på teve i stället. Ikväll går det ett … program om … mat.

ÖB 5:4

C Kontrollera att ni förstår adjektiven i rutan. Säg meningar med några av adjektiven.
Exempel:

– Jag läser en rolig bok nu.

rolig	tråkig	romantisk	lång	spännande
historisk	sorglig	läskig	svår	bra
dålig	intressant	gammal	ny	svensk
dansk	tysk	amerikansk	engelsk	fransk
italiensk	kinesisk	indisk	japansk	koreansk

D Tänk själv: Vad tycker du om för filmer? Har du någon favoritfilm? Vad tycker du inte om för filmer? Skriv ner några nyckelord.

E Prata med varandra om film.
Exempel:

– Vad gillar du för filmer?

– Jag tycker om japanska skräckfilmer.

– De är läskiga!

Fråga
Vad gillar/tycker du om för filmer?

Har du någon favoritfilm?

Svara
Jag tycker om/gillar …

Jag gillar romantiska filmer, till exempel …
Men jag gillar inte/tycker inte om …

Jag tycker mycket om …

Den är jätterolig/intressant/läskig …

Filmtyper
(en) romantisk film
(en) skräckfilm
(en) actionfilm
(en) komedi
(en) dokumentär
(en) science fiction-film
(ett) drama
(en) thriller

4 Prat om helgen

Det är måndag och Per är tillbaka på jobbet. Han fikar tillsammans med en kollega och pratar om helgen.

Erik: Anki och jag gick på bio och såg en jättebra film i helgen, *Jag älskar dig*. Den måste du se!

Per: Hmm … Jag ville se *Jag älskar dig* på bio igår. Men Mia ville se en annan film så vi stannade hemma i stället.

Erik: Okej. Vad gjorde ni då?

Per: Vi ringde och beställde pizza. Sedan åt vi framför teven och tittade på en dokumentär, *Sveriges kungar efter Gustav Vasa*.

Erik: Jaha. Var den bra?

Per: Nej, jag tyckte att den var jättedålig och jag somnade i soffan. Och Mia mådde inte så bra. Hon hade feber så hon somnade också framför teven.

Erik: Oj då. Det låter inte som en toppenkväll direkt.

Per: Nej, det var en ganska tråkig kväll.

Anki och jag **gick** på bio …
Jag **tyckte** att den var jättedålig och jag **somnade** i soffan.

Verb:
Preteritum – DÅ

A Stryk under alla verb i preteritum i texten här ovanför om Per och Mia. Vilka verb är SPECIAL?

B Titta på de andra verben i preteritum (inte SPECIAL). Vad slutar verben på för ändelser?

ÖB 5:5

Strindberg

August Strindberg (1849–1912) var en svensk författare och målare. Han skrev romaner, noveller, poesi och många teaterpjäser. Hans bok *Röda rummet* blev en stor succé 1879. Strindbergs teaterpjäser, till exempel *Fadren*, *Fröken Julie* och *Ett drömspel*, blev mycket berömda utomlands.

Strindberg gifte sig tre gånger och fick fem barn. Två av hans fruar, Siri von Essen och Harriet Bosse, var skådespelare och spelade i hans pjäser. Strindberg bodde i Blå tornet på Drottninggatan 85 i Stockholm. Där finns nu Strindbergsmuseet.

C Vokalerna **i** och **y**. Lyssna och imitera.   40))

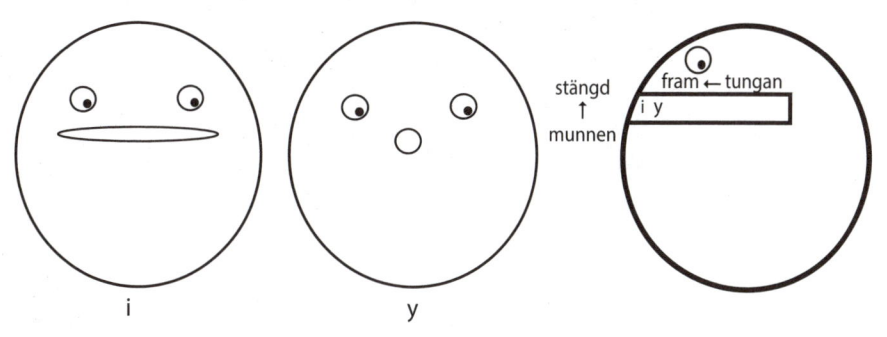

stängd ↑ munnen   fram ← tungan   i y

i   y

Y	I
vampy̱r förky̱ld meny̱ ny̱ by̱t	fi̱n apelsi̱n ekonomi̱ ti̱o li̱ter
Y + lång konsonant	**I + lång konsonant**
Vad synd! mycket lyssna Tyskland yrke	gift lista nitton ringer inte

D Lyssna. Hör du **i** eller **y**?   41))

T___ra N___lsson   ___ngvar N___ström   ___van ___varsson

S___lvia N___man   ___ngve Tr___gg   ___ngrid K___lman

E Lyssna igen på D. Markera lång vokal eller konsonant.

ÖB 5:6–12

Skriv!

Skriv en text om din fritid. Använd texten här nedanför som inspiration.

Jag brukar träffa kompisar på min fritid. Vi går ofta och fikar tillsammans. Ibland går vi på bio eller konsert. Jag tycker mycket om actionfilmer. Jag går sällan på opera och teater.

Jag brukar träna också. På måndagar och torsdagar går jag på gym och på söndagar joggar jag. På fredagar spelar jag tennis med en kollega.

Ibland går jag ut och äter på restaurang. Men jag gillar att laga mat också. Jag lagar ofta italiensk eller koreansk mat.

1 Min faster är Nobelpristagare

– Vad gjorde du i lördags?
– Jag var på Stadshuset på fest.
– Nej, är det sant?! På Nobelfesten?!
– Ja, jag har en faster som fick Nobelpriset.
– Nähä! Vilket pris fick hon?
– Kemipriset.
– Wow! Var pluggade hon?
– Hon läste kemi i Uppsala på 80-talet och började forska direkt efter examen.
– Träffade du henne ofta?
– Nja, inte så ofta. Hon jobbade mycket på helgerna, men ibland kom hon hem till oss. Min familj bodde i Stockholm, så det var ganska nära. Sedan fick hon ett stort forskningsstipendium och åkte till Tyskland. Vi brukade besöka henne på sommaren.
– Jaha. Kul!
– Ja, det var spännande. Men efter det flyttade hon till USA och forskade om molekyler. Hon gifte sig och fick barn. Vi skrev brev och mejlade till dem och de ringde oss ganska ofta. Och nu i höstas hörde vi på radio om priset. Otroligt!
– Ja, helt fantastiskt! Så du träffade en massa släktingar i helgen?

– Ja, precis. Det var min farbror och mina kusiner från USA. Och så min släkt här i Sverige, mormor och farmor och mostrar och alla plastföräldrar och bonussyskon. Vi hade en släktmiddag med julmat i fredags. Och så i lördags var det prisutdelning och fest.
– Roligt! Kungen, då? Träffade du honom?
– Nja, inte precis. Jag satt ganska långt bort från honom. Men jag träffade en massa nya människor, till exempel en kille som har ett vandrarhem på Höga kusten. Han ska ringa mig nästa gång han är i Stockholm.

> Vi brukade besöka henne på sommaren.
> Vi skrev brev och mejlade till dem och de ringde oss ganska ofta.

Objektspronomen

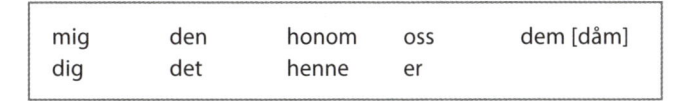

mig	den	honom	oss	dem [dåm]
dig	det	henne	er	

A Leta i texten *Min faster är Nobelpristagare* efter verben i rutan och objektspronomen. Markera.

> kommer hem till   besöker   träffar   skriver till   ringer   mejlar till

B Gör egna exempel i presens eller preteritum med verb och objekts-pronomen.
Exempel:

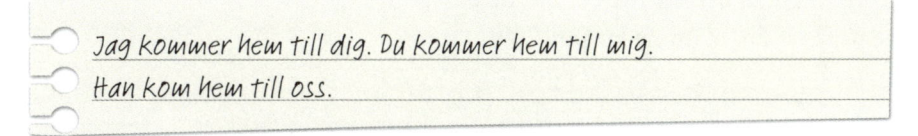

> *Jag kommer hem till dig. Du kommer hem till mig.*
> *Han kom hem till oss.*

ÖB 6:1

– Vad gjorde du i lördags?
Så nu i höstas hörde vi på radio om priset.

Tidsadverb DÅ + preteritum

Några tidsadverb

måndag	→ i måndags	vår	→	i våras
tisdag	→ i tisdags	sommar	→	i somras
o.s.v.		höst	→	i höstas
		vinter	→	i vintras

C Intervjua varandra. Vad gjorde ni igår, i fredags, i lördags, i somras, i vintras o.s.v?

En släkt

Erik + Johanna

Jessica + Robert   Bengt   Carin   Sara + Magnus

Oliver   Julia   Anna

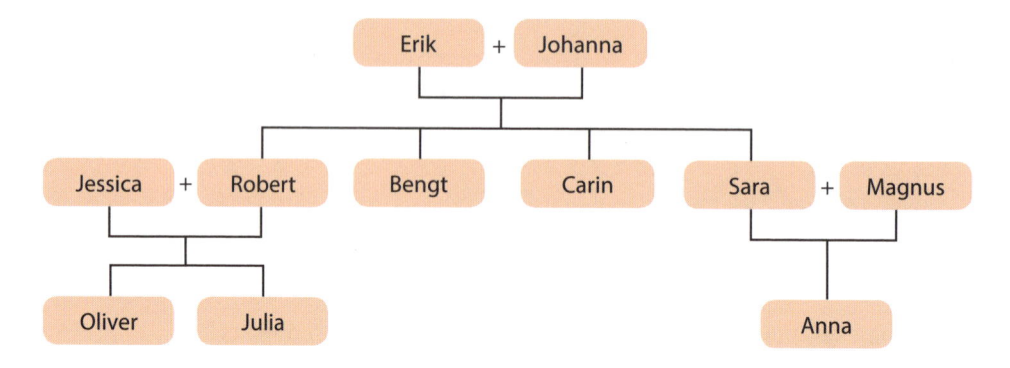

D Välj ord ur rutan och skriv dem där de passar in.
Tips: pappa = far, mamma = mor

| syskon | morfar | farmor | farfar | barnbarn | föräldrar | kusiner |
| mormor | faster | farbror | morbror | dotter | son | moster |

1 Johanna är Annas _____.

2 Erik är Olivers _____.

3 Erik och Johanna är Bengts _____.

4   Sara är Julias _____.

5   Robert är Annas _____.

6   Johanna är Olivers _____.

7   Bengt är Julias _____.

8   Anna är Magnus _____.

9   Oliver är Jessicas _____.

10 Erik är Annas _____.

11 Oliver och Julia är _____.

12 Julia och Anna är _____.

13 Carin är Annas _____.

14 Oliver, Julia och Anna är Johannas _____.

> När föräldrar separerar och sedan träffar en ny partner som också har barn, får barnen plastsyskon och föräldrarna får bonusbarn. Mammans nya kille kallas plastpappa eller låtsaspappa. I en regnbågsfamilj kan det finnas två mammor och/eller två pappor.

– Jag har en faster. Hon fick Nobelpriset i lördags.
– Jag har en faster som fick Nobelpriset i lördags.

Relativt pronomen

E Säg meningarna här nedanför med *som*.
Exempel:

Jag har en faster. Hon är psykolog.   →   – Jag har en faster som är psykolog.

1   Jag har en bror. Han heter Olof.

2   Jag har en syster. Hon är meteorolog.

3   Jag har en kusin. Han bor i Frankrike.

F Berätta om din släkt. Du som lyssnar: ge respons.
Exempel:

– Jag har en kusin som är dansare.
– Vad roligt!

ÖB 6:2

2 Mitt barnbarn heter också Oscar

1 – Sofie, vad heter din bror?
– Thomas. Din då?
– Han heter Per.
– Fint namn!

2 – Axel, vad heter ditt barnbarn?
– Han heter Oscar.
– Nämen! Mitt barnbarn heter också Oscar!

3 – Bor dina systrar också i Sverige, Gail?
– Nej, de bor i Australien. Var bor dina syskon?
– Mina bröder bor i Nederländerna, men min syster bor i Sverige.

---

min syster (en syster)
mitt barnbarn (ett barnbarn)
mina bröder (två bröder)

din bror
ditt barnbarn
dina systrar

Possessiva pronomen för *jag* och *du*

Possessiva pronomen

jag → min/mitt/mina	vi → vår/vårt/våra
du → din/ditt/dina	ni → er/ert/era
han → hans	de → deras
hon → hennes	

A Fråga varandra om familj och släkt.
Exempel:

– Vad heter din pappa?
– Min pappa heter Wolfgang.

ÖB 6:3

Min bil är fin.
Mitt hus är fint.
Mina hundar är fina.

Adjektiv efter verb

B Säg meningar med possessiva pronomen och adjektiv.
Exempel:

> jag ett hus vacker

– Mitt hus är vackert.

1. vi en bil gammal
2. jag bilar amerikansk
3. de ett piano gammal
4. vi farfar gammal
5. ni ett hus fin
6. du bröder lång

C En av er berättar. Använd *min/mitt/mina*. Den andra antecknar och kontrollerar sedan att det är rätt.
Exempel:

A: Min bil är gammal. Min bästa vän heter Lukas…
B: Din bil är gammal. Din bästa vän heter Lukas… Stämmer det?
A: Ja, det stämmer.

ÖB 6:4

D Lyssna på en person som berättar om familjen. Skriv viktiga ord och berätta för din partner vad du hörde.

44

E Lyssna igen flera gånger. Skriv allt du hör.

3 Alfred Nobel

Dynamitkungen

Den 10 december är en speciell dag – Nobeldagen. Sveriges kung Carl XVI Gustaf delar ut Nobelpriset i fysik, kemi, medicin och litteratur i Stockholms konserthus. Han delar också ut Riksbankens pris i ekonomi. Samma dag har man en ceremoni för fredspriset i Oslo. Prissumman är lite olika varje år men 2013 var den ungefär 8 miljoner.

På kvällen är det stor middag med dans i Stockholms stadshus. Festsalen är dekorerad med blommor från San Remo. Det var i San Remo som Alfred Nobel dog och det var just den 10 december. Då var han 63 år gammal.

Alfred Nobel föddes i Stockholm år 1833 men växte upp i S:t Petersburg. Han var mycket intresserad av kemi och fysik, men också av litteratur och språk och han talade ryska, engelska, tyska och franska flytande.

År 1863 flyttade familjen Nobel tillbaka till Stockholm. Där började de experimentera med nitroglycerin. Ett av experimenten slutade i katastrof för nitroglycerinet exploderade. Alfreds bror Emil och flera andra personer dog.

Men Alfred Nobel byggde en ny fabrik och fortsatte arbetet och 1867 tog han patent på dynamit. Han började tjäna mycket pengar. Han hade cirka 90 fabriker i 20 olika länder och han reste mycket. Han bodde nästan 20 år i Paris och hade ett stort hus i Sverige också.

Nobel hade relationer med några kvinnor men gifte sig inte och han fick inga barn. Nobel skrev i sitt testamente att man skulle starta en fond av hans pengar och dela ut ett stort pris i hans namn varje år. Fem år efter hans död delade man ut de första Nobelprisen.

I Stockholm kan man se Nobels dynamitfabrik och besöka Nobelmuseet. I Karlskoga i Värmland finns det också ett Nobelmuseum. ■

	Imperativ	Infinitiv	Presens	Preteritum
Grupp 1	tala!	tala	talar	talade
Grupp 2a	bygg!	bygga	bygger	byggde
Grupp 2b	res!	resa	reser	reste
Grupp 3	bo!	bo	bor	bodde
Grupp 4 (SPECIAL):	skriv!	skriva	skriver	skrev
	dö!	dö	dör	dog

Verbgrupper 1–4

A Kombinera. Dra streck.

1 Grupp 1   A byter ofta vokal mellan presens och preteritum
2 Grupp 2a   B har ett *a* i alla former
3 Grupp 2b   C har imperativ på konsonant och preteritum på *–de*
4 Grupp 3   D har preteritum på *–te*
5 Grupp 4 (SPECIAL) E har preteritum på *–dde*

B Stryk under alla verb i preteritum i texten *Dynamitkungen*. Vilka grupper är verben? Skriv en lista med imperativ, infinitiv, presens och preteritum.

ÖB 6:5

C Skriv 8–10 frågor till texten om Nobel.

D Fråga paret bredvid. De svarar men tittar inte i texten.

E Byt roller.

F Lyssna på dialogen. Lyssna speciellt på de understrukna ljuden.

46

– Var var du i tis<u>d</u>ags k<u>v</u>äll? Du s<u>v</u>arade inte i telefon?
– Nej, jag var i Portugal. Jag kom till S<u>v</u>erige klockan t<u>v</u>å på natten.
– Aha, jag trodde att <u>d</u>u var hemma. Men du var utomlands alltså?
– Just <u>d</u>et!

G Skriv en kort text om en berömd person från ditt land. Skriv inte personens namn.
Exempel:

> Han föddes 1956. Han blev bäst i världen på tennis och han vann Wimbledon fem gånger. Efter tenniskarriären startade han en klädfirma. Vem är han, tror du?

H Berätta för de andra i gruppen. De andra gissar vem personen är.
Du som lyssnar: lyssna aktivt. Förstår du inte? Fråga!

Vad betyder …?
Kan du säga det igen?
Lite långsammare, tack.
Nej, nu förstår jag inte. En gång till!
Ursäkta?/Förlåt?/Va?

I Vokalen **u**. Lyssna och imitera.

U	U + lång konsonant
sl<u>u</u>tar tj<u>u</u>go k<u>u</u>l sj<u>u</u> n<u>u</u>	h<u>u</u>ndra sj<u>u</u>tton k<u>u</u>rs n<u>u</u>mmer l<u>u</u>nch

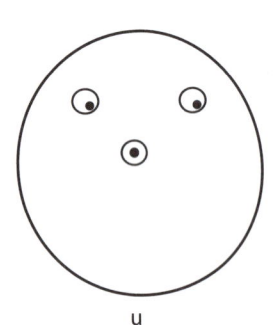

u

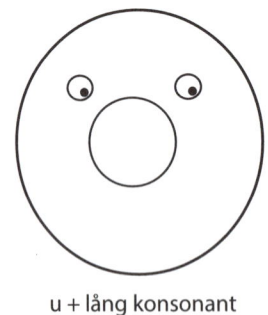

u + lång konsonant

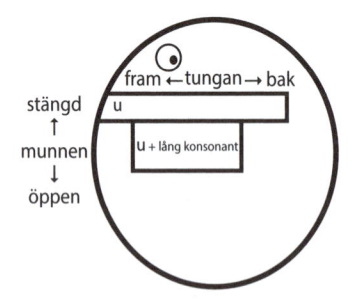

fram ←tungan→ bak
stängd ↑ munnen ↓ öppen

u
u + lång konsonant

64 • RIVSTART A1+ A2 Textbok

J Lyssna. Hör du ett **y** eller **u**? 〈48〉))

G____n L____ndmark   S____lvia S____ndgren

____ngve T____resson   S____ne R____ndman

T____ra N____ström   R____t G____stavsson

T____re Bergl____nd

K Lyssna. Hör du ett **i**, **y** eller **u**? 〈49〉))
Svenska städer:

____stad   ____ppsala   S____ndsvall

L____sek____l   ____meå   P____teå

L____nköping   L____nd   V____sb____

L Lyssna igen på K. Markera lång vokal eller konsonant.

ÖB 6:6–14

Skriv!

Gör texten från G lite längre (cirka 100 ord). Titta på texten *Dynamitkungen* för inspiration.

föddes	målade	konstnär
växte upp	skrev	författare
levde	komponerade	kompositör
dog	uppfann	uppfinnare
är känd för	konstruerade	ingenjör
i barndomen	kämpade för	aktivist
som vuxen	grundade	forskare
sent i livet	vann	

7

1 Vad shoppar du?

Tidningen Storstadsbladet intervjuade två personer om deras shopping. Frågorna var:

1 Vad shoppar du?
2 Hur mycket pengar shoppar du för varje månad?
3 Berätta om ett bra och ett dåligt köp.

Markus, 29

1 Jag älskar att shoppa! Efter jobbet brukar jag gå i gallerian och titta på saker. Ibland köper jag nya kläder eller skor. Eller lite småsaker, något hårvax eller någon ansiktskräm till exempel.

Jag köper nästan alltid något. Jag blir glad av att köpa nya saker.

2 Jag shoppar för tre–fyra tusen kronor varje månad och ibland har jag inga pengar kvar i slutet av månaden. Men jag ska sluta shoppa så mycket. Om jag kan!

3 Jag köpte en väska på en outlet i USA förra året. Den var så snygg! Men min systemkamera var ett dåligt köp. Den var jättedyr och jag använder bara min mobil när jag fotar.

Elin, 48

1 Jag shoppar sällan. Jag är inte speciellt intresserad av mode och man behöver inte så mycket kläder. Jag går mest till second hand-affärer, men ibland handlar jag på rea.

2 Jag shoppar för ungefär tre- till femhundra kronor i månden. Jag handlar nästan bara när jag behöver något. Det kan vara några nya strumpor eller något hårschampo till exempel. Ibland åker jag till stan och går i musikaffärer. Jag spelar trummor och skulle vilja köpa ett nytt trumset, men det kostar så mycket. Jag kanske kan köpa ett begagnat.

3 I våras köpte jag en fin tavla på loppis för femtio kronor. Det var ett bra köp! Jag gör sällan dåliga köp, men en gång köpte jag en begagnad teve på nätet. Den fungerade bara i en vecka. Det var inte så bra.

Cirka 70 procent av svenskarna säger att de blir glada när de köper något till sig själva. Svenskarna köper 15–20 kilo kläder och textil per person och år och slänger ungefär 8 kilo. Använder vi alla kläder i garderoben? Nja, 17 procent av kvinnorna och 12 procent av männen har kläder hemma som de aldrig använder.

Källa: TNS Gallup (2013)

A Fråga varandra:
- Shoppar du mycket?
- Tycker du om att shoppa?
- Vad brukar du shoppa?
- Använder du allt som du köper?
- Berätta om ett bra och ett dåligt köp.

Indefinit pronomen

någon ansiktskräm
något hårvax
några strumpor

ÖB 7:1

2 Kläder

A Skriv rätt siffra vid varje plagg.

1 ett par byxor	**5** en kjol	**9** en kavaj	**13** ett linne
2 en mössa	**6** en slips	**10** en skjorta	**14** ett par kalsonger
3 en jacka	**7** ett par skor	**11** en tröja	
4 ett par trosor	**8** en bh	**12** ett par strumpor	

Färger som adjektiv

blå   vit   grön   grå   orange   randig   rutig

gul   röd   brun   svart   rosa   prickig

B Välj adjektiv ur rutan och kombinera adjektivmotsatser.

liten	gammal	snygg/fin/vacker	tråkig	äcklig	billig
bred	kort	mjuk	~~dålig~~	ljus	modern

1 bra   *dålig*

2 ny

3 omodern

4 dyr

5 lång

6 stor

7 mörk

8 rolig

9 hård

10 smal

11 god

12 ful

C Säg exempel med adjektiven i B.

– Den här klockan är billig.
– Min pappa har en ful slips.

ÖB 7:2

3 Maja skriver på nätet

Mitt shoppingexperiment

2013-03-01 | 17:00 | Maja
Välkomna till min sida på nätet!
Hej, jag heter Maja och är 34 år.
Jag har två små underbara barn, Liam, 7 år och Natalie, 4 år. Jag är singelmamma och min ekonomi är inte så bra. Nu har jag ett litet (stort 😃) experiment: shoppingstrejk i ETT ÅR för mig – inga nya kläder och inga nya skor!

2013-07-13 | 19:30 | Maja
Shoppingstrejken fortsätter …
Fyra månader och ingen shopping. Nu är det jobbigt! Jag var ute på stan med några kompisar och tittade i affärer. Och där såg jag: ett fint gult linne! Jag har många linnen hemma, men inget gult! Det bara hängde där och väntade på mig! Men, nej, jag får inte köpa det… Jag ska sluta gå i affärer! 😣

2013-08-25 | 20:10 | Maja
Inte bara jobbigt!
Okej, jag får inte shoppa. Finns det något positivt med det? Ja, faktiskt.
1. Min ekonomi har blivit mycket bättre! Nu kan jag spara lite pengar till Liam och Natalie 💗💗 varje månad.
2. Jag använder alla mina kläder. Förut köpte jag en massa kläder som bara hängde i garderoben.
3. Jag lånar kläder av mina vänner och mina vänner lånar mina kläder. Smart, eller hur?
4. MAN BLIR INTE GLADARE AV ATT KÖPA SAKER. (Tror jag … 😃)

Full kontroll!

Kommentarer

Fia 21:17 5/11 2013:
Maja, du är bäst!! Jag ska också sluta shoppa! Vad ska du köpa när du får shoppa igen?

Maja 22:03 5/11 2013-07-20
Tack, Fia! Jag ska köpa en ny dator!

ingen shopping
inget linne
inga kläder

Indefinit pronomen

D Vad har du inte? Använd *ingen*, *inget*, *inga*. Du kan fantisera om du vill.

– Jag har ingen bil.
– Jag har inget piano.
– Jag har inga pengar.

ÖB 7:3

E Skriv en fråga till Maja.

F Byt papper med personen bredvid. Svara på frågan.
Exempel:

Maja, hur mycket pengar sparar du varje månad?
Oj, jag sparar en massa pengar. Kanske 1000 kronor varje månad. Bra, va?

G Läs upp era frågor och svar för de andra i gruppen.

4 Köpa säng

A Skriv orden på rätt plats.

> ett täcke   en madrass   en kudde   ett underlakan   ett örngott   ett påslakan

På sängavdelningen

Vilma och Andreas ska flytta ihop i en ny lägenhet och de behöver köpa möbler. De börjar på avdelningen för sängar.

Säljare: Vad kan jag hjälpa er med?
Andreas: Jo, vi tänkte titta på en ny säng.
Säljare: Då kan ni följa med mig. Här har vi vår Sova gott-serie. De här sängarna är mycket populära. Varsågoda, det går bra att prova.
Andreas: Åh, vilken skön säng! Vad tycker du, Vilma?
Vilma: Jag vet inte … Madrassen är lite för hård för mig. Har ni någon mjukare säng?
Säljare: Självklart. Du kan pröva den här sängen. Prinsessa, heter den.

Vilma: Den här är perfekt för mig!
Säljare: Då kan ni köpa två 80-sängar och ställa ihop dem, så har ni en dubbelsäng som passar båda.
Andreas: Det låter bra. Hur mycket kostar det totalt?
Säljare: Det blir 23 500 för båda sängarna.
Vilma: Oj, det var dyrt! Andreas, vi kanske ska titta på några billigare sängar?
Säljare: Det kan ni göra, men de här sängarna har absolut bäst kvalitet. Det är 30 års garanti på dem. Och just nu har vi ett specialerbjudande. Till sängarna får ni de här kuddarna, lakanen och duntäckena utan extra kostnad. Lakanen är i egyptisk bomull, mycket fina! Och ni får köpa de här sänglamporna för halva priset!
Andreas: Vilma, jag tycker att vi tar det!
Vilma: Men det är mycket pengar…
Andreas: Ja, vi kanske ska tänka lite.
Säljare: Javisst. Men vi har bara det här erbjudandet till söndag.

Fyra och *åtta* = 4 800. Priser i tusental och hela hundratal säger vi ofta så här.

de här sängar**na** | Substantiv: bestämd form plural

B Stryk under alla substantiv i bestämd form plural i *På sängavdelningen*.

C Skriv dem i alla former.
Exempel:

SINGULAR		PLURAL	
obestämd form	bestämd form	obestämd form	bestämd form
en säng	sängen	sängar	sängarna

ÖB 7:4

5 I affärer

A Placera frågorna på rätt plats i dialogerna.

> Har ni någon billigare?   Passar de bra?   Har ni en storlek mindre?
> Har ni öppet köp?   Hur mycket kostar den?   Vilken storlek har du?
> Hur mycket får de kosta?   Kan jag få titta på någon ljusare?   Hej, vill du ha hjälp?

1. – Hej! Kan jag hjälpa till?
   – Ja, jag skulle vilja prova de här röda byxorna.
   – _____
   – 38.
   – Ett ögonblick. Här har vi ett par. (…) _____
   – Nja, de är lite för stora. _____
   – Inte i den färgen, tyvärr. Men det finns ett par gröna i 36.
   – Hmm, jag ville ha de röda byxorna … _____
   – Självklart. Vi har öppet köp i två veckor och bytesrätt i 30 dagar.
   – Okej, vad bra. Då tar jag de gröna byxorna och funderar lite.

2. – Hej, hur kan jag hjälpa dig?
   – Jag letar efter en ny ögonskugga.
   – Jaha, då ska vi se. Den här tror jag kan passa dig.
   – Nja, den är lite för mörk. _____
   – Självklart. Då har vi den här till exempel.
   – Den var bättre. _____
   – 210 kronor.
   – Oj! _____
   – Ja, den här skuggan kostar 175 kronor, men den är mindre.
   – Jag tar den mindre då.

3. – _____
   – Nej, tack. Jag tittar bara.
   – Okej. Säg till om du behöver hjälp sedan.

4 – Hej! Jag behöver nya löparskor. Kan du hjälpa mig?

– Javisst. _____

– Det spelar inte så stor roll. Jag springer mycket, både i skogen och på vägar, så jag vill ha bra skor.

– Okej, då kan du prova de här skorna. De kostar 1 195 kronor. Vilken storlek?

– 43.

– Du kan prova på löpbandet. (…) Sitter de bra?

– Ja, de här sitter jättebra. Jag tar dem.

53))

B Lyssna på dialogerna 1–4 och kontrollera att du har skrivit rätt.

> *Öppet köp* betyder att du får pengarna tillbaka om du vill lämna tillbaka saken som du har köpt.
> *Bytesrätt* betyder att du kan byta mot något annat, men du får inte pengarna tillbaka. Du måste alltid ha kvitto.

någon **billigare**
någon **ljusare**
en storlek **mindre**

Adjektiv: komparation

ÖB 7:5

54))

C Lyssna på orden. Vilka vokaler kommer efter **g**, **k** och **sk**?

1 a galleria god gul går
   b ger gillar gym gärna gör

2 a kan kostar kuddar kål
   b kemi kilo förkyld kär köper

3 a ska skor ögonskugga skål

KAPITEL 7 • 75

UFFES SPORT den här veckan

LÖPARSKOR

Runner **999:-**

Jump **695:-**

TÄLT

Vildmark **1499:-**

Festival (2 pers) **789:-**

FLEECE-TRÖJOR

Köp två för 300:-!
Nordal **159:-**

SPORTSTRUMPOR

3 par **129:-**

30 DAGARS ÖPPET KÖP! 60 DAGARS BYTESRÄTT!

D Titta på annonsen från Uffes sport. Köp och sälj varor.
Exempel:

– Kan jag hjälpa dig?

– Ja, jag tänkte köpa ett tält.

– Då har vi till exempel det här tältet, Vildmark. Det är för tre personer.

– Hur mycket kostar det?

– 1499 kronor.

– Oj då, det är lite dyrt. Har ni något billigare?

– …

Sälja och köpa

Säljaren tar kontakt
Kan jag hjälpa till?
Kan jag hjälpa dig?
Vill du ha hjälp?
Hur kan jag hjälpa dig?

Köparen tar kontakt
Ursäkta/Hej/Förlåt mig, har du tid/
kan du hjälpa mig?
Jobbar du här?

Säga vad man vill ha/behöver
Ja, jag tänkte köpa …
Jag behöver …
Jag letar efter …
Jag skulle vilja ha …
Har ni …?

Visa/rekommendera
Då har vi den/det/de här … + bestämt substantiv
Jag kan rekommendera den/det/de här …

Prova
Vill du prova?
Vilken storlek har du?
Passar/sitter den/det/de bra?
Hur var den/det/de?

Ja, tack./Ja, gärna.
Jag har …
Ja, den/det/de sitter bra/perfekt!
Nja, den/det/de är lite för små/stora/smala/breda.
Har ni några större/mindre/bredare/smalare?

Pris/Avsluta
Hur mycket/Vad kostar den/det/de?
Okej, jag tar den/det/dem.
Jag måste tänka lite. Tack för hjälpen.

Den/det/de kostar … kronor.
Det blir…

E Skriv en dialog. Använd orden och fraserna här ovanför.

F Öva svenska utanför klassrummet!

I Sverige vill många prata engelska. Då kan du säga:
– Jag läser svenska och vill öva. Kan du prata svenska med mig?
Gör så här när du ska shoppa i Sverige.

1. Fundera: Vad behöver du köpa? Vilka ord och fraser behöver du när du ska köpa det? Skriv upp orden och fraserna på ett papper eller i en liten bok.

3. Gå till affären en tid när det inte är så mycket kunder. Säg: – Hej, har du tid? Jag lär mig svenska och vill öva. Om du inte förstår, fråga om försäljaren kan skriva i ditt block: – Förlåt, kan du skriva det här?

4. I klassrummet: Hur gick det? Vad gick bra, vad gick inte bra? Diskutera varför. Rekonstruera era samtal. Skriv dialoger.

G Lyssna på dialogerna ett par gånger utan att skriva något.

H Lyssna igen. Fyll i luckorna.

1. – Ursäkta, hur mycket kostar de här _____? Jag hittar ingen prislapp…

   – Jag ska kolla, ett ögonblick. De kostar _____ kronor.

   – Tack, då vet jag.

2. – Hej, vad kostar det här _____?

   – _____.

   – Okej, jag tar det.

3. – Hur mycket tar ni för _____ här?

   – Det är specialpris på den just nu. _____ den här veckan.

   – Det var ett bra pris!

4. – Den här _____ var snygg. Hur mycket kostar den?

   – Vi ska se… Den kostar _____ kronor.

   – Okej. Jag köper den.

> I utrop, när något är gott, dyrt, snyggt etc., har svenskan ofta preteritum:
> – Den var snygg!
> – Det var billigt!

I Vokalerna **i**, **e** och **ä**. Lyssna och imitera. 56

I	E	Ä	Ä + R
fin apelsin ekonomi tio liter	te studerar rea tjena teve	kläder läkare äter räksallad pjäs	här pensionär lärare närbutiken päron
I + lång konsonant	**E och Ä + lång konsonant (samma ljud)**		**E och Ä + RR**
gift lista nitton ringer inte	engelska hej verb själv jättehungrig		tyvärr

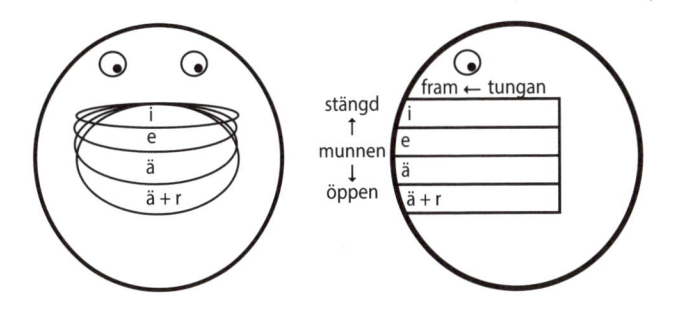

stängd ↑ munnen ↓ öppen

fram ← tungan

i
e
ä
ä + r

J Lyssna. Hör du **i**, **e** eller **ä**? 57

G___vle   ___slöv   Sandv___ken
Storl___en   Kungs___ngen   ___ksjö
Bolln___s   Högan___s   ___nköping

K Lyssna igen på J. Markera lång vokal eller konsonant.   ÖB 7:6–9

Skriv!

Skriv en text om ett bra och ett dåligt köp. Använd texten här nedanför som inspiration.

Jag köpte en ny resväska på rea förra året. Den är inte så stor och den är ganska lätt. Min väska är neongrön. Den har rest med mig till England och Portugal. Nästan alla väskor är svarta så jag ser min väska direkt när den kommer på bagagebandet. Det är jättebra.

För två år sedan var jag i Thailand. Då köpte jag en sidenklänning i rosa och guld. Den var ganska billig och jag gillade den mycket. Men hemma i Sverige har jag aldrig använt klänningen. I Sverige brukar jag mest ha svarta och bruna kläder.

Saker att göra i Stockholm!

8

Skansen
Det här friluftsmuseet är perfekt för dig som vill se Sverige, men inte vill resa. På Skansen finns typiska hus från olika delar av landet. Här kan du också se nordiska vilda djur: älg, björn, säl, lodjur och varg.

Skärgården
Norr, öster och söder om Stockholm ligger 35 000 små och stora öar – skärgården. Det går båtar till många vackra öar, till exempel Sandhamn eller Utö. På båten kan man fika, äta mat eller bara titta på utsikten.

SOFO
Letar du efter spännande shopping, kaféer, restauranger och barer?

Drottningholm
Är du intresserad av svensk historia, kungar och drottningar? Då måste du åka till Drottningholms slott! Kungen och drottningen bor på slottet men en stor del är öppen för turister. Här kan du promenera i parken eller besöka slottsteatern.

58))

1 Första gången i Sverige

John, en kille från Kanada, har alltid varit intresserad av Sverige men han har aldrig varit där. Han har studerat svenska i två år nu och han pratar ganska bra.

59))

Idag ska John resa till Stockholm. Det är Johns första resa till Sverige och han har planerat den länge. Han har läst väderprognoser på nätet och det ska bli mycket sol och bara lite regn. John har packat regnkläder, solglasögon, varma tröjor och en massa andra grejer. Och han har köpt myggmedel förstås.

Han kommer till Stockholm den 5 juli och stannar några dagar. Han ska bo hemma hos Pia, en kompis som han har träffat på Internet på ett forum för svensk musik. Hon har en stor lägenhet mitt i stan. Det är många saker John vill göra i Stockholm och han har gjort ett litet program.

Sedan ska Pia och John åka runt i Sverige. Den 23 juli åker han hem till Kanada igen.

Att göra-lista för Stockholm!
1 Gå på Vasamuseet
2 Fika
3 Promenera i Gamla stan
4 Se skärgården
5 Köpa svenska designprylar
6 Gå ut på Stureplan
7 Gå på konsert med Pia
8 Se Drottningholms slott och slottsteatern
9 Gå på Moderna museet
10 Äta saltlakrits
11 Paddla kanot

A Vad tycker ni om Johns planering för Stockholm? Måste han göra allt på listan? Ska han göra andra saker också? Diskutera med varandra och skriv en egen lista.

> Han måste ... för det är ...
> Han behöver inte ... för det är inte så ...
> Han kan också ...
> Han borde ...

B Berätta för paret bredvid om er lista.

C Tänk dig att en på kursen planerar att resa till din stad eller ditt land. Vad kan man göra där? Varför? Skriv en lista.

D Berätta för varandra.

> **Du som berättar**
> Det finns (tyvärr inte så) mycket att göra och se i ...
> Man/du kan först besöka/titta på ...
> Där kan man/du ...
> Sedan kan man/du ...
>
> **Du som lyssnar**
> Jaha./Nähä.
> Oj, det låter härligt/vackert/spännande/intressant ...

John har planerat resan länge.   Verb: har + supinum = presens perfekt

E Stryk under alla verb i supinumform i texten om John.

F Vad heter verben i imperativ? Är några verb SPECIAL, tror ni?

G Kan ni se ett system för supinum?   ÖB 8:1

H Välj ur prickrutan och skriv rätt ordningstal.

> artonde   första   nionde   sjätte   tolfte   tredje   trettioförsta   åttonde

1:a	_____	9:e	_____	17:e	sjuttonde
2:a	andra	10:e	tionde	18:e	_____
3:e	_____	11:e	elfte	19:e	nittonde
4:e	fjärde	12:e	_____	20:e	tjugonde
5:e	femte	13:e	trettonde	21:a	tjugoförsta
6:e	_____	14:e	fjortonde	30:e	trettionde
7:e	sjunde	15:e	femtonde	31:a	_____
8:e	_____	16:e	sextonde		

Månaderna

januari	maj	september
februari	juni	oktober
mars	juli	november
april	augusti	december

(60)

I Säg datumen.
Exempel: 1/12

– Första december eller första i tolfte

> 5/6   10/11   14/3   21/8   25/10   3/4   7/2   13/7   11/1   18/5   19/9   8/12

J Fråga varandra:

- Vad är det för datum idag?
- När är din/dina barns/din mans/sambos/pappas födelsedag?
- När är Sveriges nationaldag?
- När är ditt lands nationaldag?
- När slutar kursen?

ÖB 8:2

K Lyssna på de här orden. Hur låter **rt**, **rd**, **rn**, **rl**, och **rs**?

borde, skärgården, gjort, vackert, fjortonde, björn, Moderna museet, härlig, personer, sommarstuga, första

L Kan du fler ord med **rt**, **rd**, **rn**, **rl** och **rs**?

2 Karaoke och annat ...

1 – Har du sjungit karaoke någon gång?
– Ja, det har jag. En gång i Tokyo. Det var 2009.
– Berätta! Hur var det?
– Det var jätteroligt. Vi var på en bar där man kunde sjunga karaoke. Jag var jättenervös, men till slut sjöng jag. Jag fick ganska mycket applåder faktiskt!
– Vad kul! Jag kan inte sjunga.

2 – Har du hoppat fallskärm någon gång?
– Ja, en gång. Men det var för tio år sedan.
– Wow! Vad modigt! Jag är höjdrädd. Hur var det?
– Min tjej gav mig ett hopp i present. Jag var rädd men jag hoppade i alla fall. Det var fantastiskt!

3 – Har du dansat tango någon gång?
– Ja, jag har dansat tango i två år nu.
– Är det roligt?
– Ja jättekul! Jag började tillsammans med mitt ex. Hon dansade jättemycket. Men sedan träffade jag en ny tjej på dansgolvet.
– Oj då!

–**Har** du **dansat** tango någon gång?
(= Tidpunkten är inte viktig.)
–Ja, jag **har dansat** tango i två år nu.
(= Han dansar fortfarande tango.)

Verb: presens perfekt

Det **var** 2009.

Verb: preteritum

Det var **för** tio år **sedan**.

Tidspreposition DÅ

A Skriv verben till bilderna i presens perfekt. Specialverben är markerade med *.
Fråga din lärare eller se verblistan på www.nok.se/rivstart.

sjunger* karaoke	 springer* maraton	 dansar tango	 rider*

åker snowboard	 kör motorcykel	 äter* en insekt	 åker skidor

bakar kanelbullar	 hoppar fallskärm	 tältar	 klättrar

B Prata om bilderna.

Fråga
Har du ... någon gång?
Hur många gånger?
När var det?/När då?
Berätta!/Hur var det?/Berätta mer!

Svara
Nej, det har jag inte./Nej, aldrig.
Ja, det har jag.
Det var för ... sedan./Det var [år].

Respons
Vad roligt/läskigt/modigt!
Wow!/Oj (då)!/Nähä

ÖB 8:3

3 Ett mejl

John mejlar hem till Kanada. Han skriver till Monica. Hon är Johns lärare i svenska och han skriver på svenska.

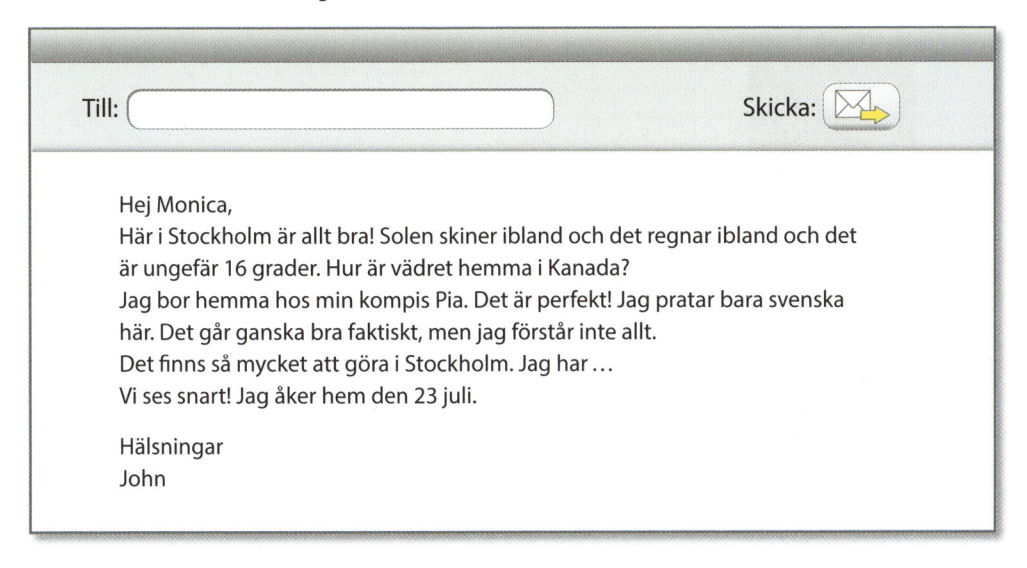

Till: _____   Skicka: ✉

Hej Monica,
Här i Stockholm är allt bra! Solen skiner ibland och det regnar ibland och det är ungefär 16 grader. Hur är vädret hemma i Kanada?
Jag bor hemma hos min kompis Pia. Det är perfekt! Jag pratar bara svenska här. Det går ganska bra faktiskt, men jag förstår inte allt.
Det finns så mycket att göra i Stockholm. Jag har ...
Vi ses snart! Jag åker hem den 23 juli.

Hälsningar
John

Hur är vädret *hemma* i Kanada?
Jag åker *hem* den 23 juli.

Adverb: position och destination

A Säg fraserna med *hemma* eller *hem*.

1 Jag ska gå ... nu.
2 Eva bor ... hos mamma.
3 Ingrid ringer ... till Tyskland.
4 Ahmed åkte ... till Egypten i somras.
5 Jag ska inte gå ut ikväll. Jag ska vara ... .

ÖB 8:4

B Skriv en lista på vad John har gjort.
Exempel:

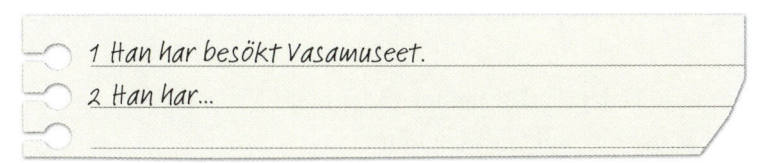

1 Han har besökt Vasamuseet.
2 Han har...

C Vad är det för väder? Skriv meningarna vid rätt bild.

> Det är varmt. Det är kallt. Det åskar. Solen skiner. Det är mulet/molnigt.
> Det blåser. Det regnar. Det snöar. Det är dimma.

1. _____
2. _____
3. _____
4. _____
5. _____
6. _____
7. _____
8. _____
9. _____

D Prata med varandra om väder. Vad är det för väder idag? Vad var det för väder igår? Vad är det för väder i ditt land nu?

ÖB 8:5

4 Johns rum

A Titta på bilden av Johns rum hemma hos Pia. Vad har han gjort?
Vad har han inte gjort?

B Skriv sedan en lista.
Exempel:

Han har öppnat fönstret ...

5 Jag borde sluta röka

Pia och John sitter på en indisk restaurang.

John: Jag skulle vilja ta en cigarett. Får man röka här inne?
Pia: Nej, det får man inte, tyvärr. Men du kan gå ut och röka.
John: Nja, jag vet inte. Det är ganska kallt. Och jag borde sluta röka.
Ska vi betala? Måste man ge dricks på restauranger i Sverige, förresten?
Pia: Nej, man behöver inte ge dricks, men man brukar lämna lite extra om servicen är bra.
John: Okej, vi kan lägga på 30 kronor. Du, hinner vi gå på Moderna museet nu?
Pia: Nej, tyvärr. Vi hinner inte för de stänger klockan åtta idag. Klockan är sju nu.
John: Vill du gå på någon bar och ta en öl och sedan gå på Guldkalven och dansa?
Pia: Jag tar gärna en öl. Men jag orkar inte dansa ikväll.
John: Vi börjar med ölen så får vi se!

Hjälpverb
borde
får
måste ⟷ behöver inte
hinner
orkar

A Träna på hjälpverb tillsammans.

1 Vad borde ni göra? Berätta för varandra.
Exempel:
– Jag borde träna mer.

2 Har ni mycket att göra idag? Vad hinner ni inte göra?
Exempel:
– Jag hinner inte ringa farmor.

3 Vad behöver ni göra?
Exempel:
– Jag behöver köpa en vinterjacka.

4 Vad får man inte göra i klassrummet? På bussen?
Exempel:
– Man får inte prata i mobiltelefon i klassrummet.

5 Vad orkar ni inte göra?
Exempel:
– Jag orkar inte göra läxan. Jag är för trött.

ÖB 8:6

6 En Sverigeresa

Pia och John planerar Sverigeresan.

A Titta på frågorna och frågealternativen och kontrollera att du förstår alla ord.

B Lyssna på dialogen och kryssa för rätt alternativ.

1 De pratar om:
☐ Lappland ☐ Göteborg ☐ Gotland ☐ Malmö

2 När ska de åka?
☐ 7 juli ☐ 8 juli ☐ 18 juli

3 Hur länge ska de vara borta?
☐ en vecka ☐ en helg ☐ 11 dagar

4 Vad kostar biljetten som de bokar?
☐ 500:– ☐ 1 500:– ☐ 600:–

5 Hur ska de bo?
☐ på vandrarhem och i tält ☐ på hotell och i en stuga ☐ hos kompisar

C Du och din partner ska resa på semester i Sverige tillsammans. Planera.

Vart ska ni resa?

till fjällen   till havet   till en stad

Hur ska ni resa?

flyga   åka tåg   köra bil   cykla

Vad ska ni göra?

sola	vandra
bada	gå på museer
shoppa	gå på klubb
fika	läsa böcker spela
fiska	kort
cykla	äta våfflor

Hur ska ni bo?

vandrarhem   hotell   stuga   tält

Fråga
Ska vi åka till … och … ?
Ska vi flyga/åka tåg/köra bil/cykla?
Ska vi bo på vandrarhem/hotell/
i en stuga/i tält?

Svara
Positiv
Ja, vilken bra idé!
Ja, det låter kul!

Inte så positiv
Nja, jag vet inte. Det är ….
Kan vi inte åka till … i stället?
Ja, kanske. Eller vi kan …

D Berätta för de andra om er resa.

E Vokalerna **e** och **ö**. Lyssna och imitera.   (66))

E	Ö	Ö + R
te studerar rea tjena teve	köp lök nervös öl övning	göra björn köra lördag
E och Ä + lång konsonant	**Ö + lång konsonant**	**Ö + långt R (ibland som U + lång konsonant)**
engelska hej verb själv jätte-hungrig	öppen tröja trött söndag böcker	första börjar större

90 • RIVSTART A1+ A2 Textbok   Kopiering av detta engångsmaterial är förbjuden enligt lag och gällande avtal.

e   ö   stängd ↑ munnen ↓ öppen   fram ← tungan / e ö

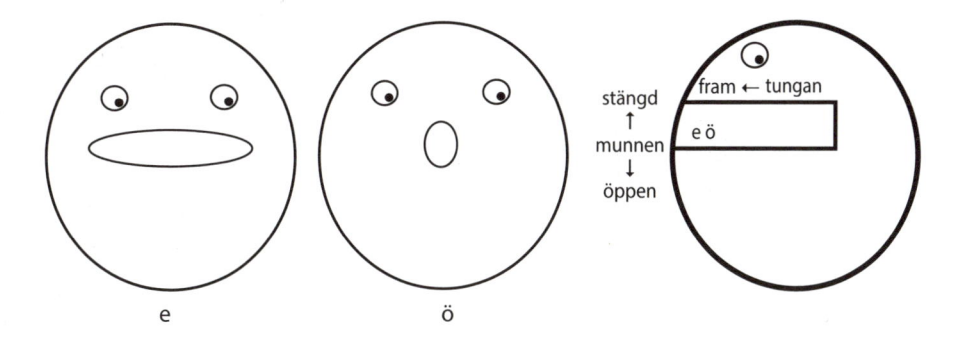

F Lyssna. Hör du **e** eller **ö**? (67))

____lin ____ström   ____sten Fr____jd
G____ran ____k   L____na ____lund
____rika ____noksson   G____rel ____nglund
____rjan L____kberg

G Lyssna igen på F. Markera lång vokal eller konsonant.   ÖB 8:7–11

Skriv!

Skriv ett mejl till en vän, kollega eller släkting och berätta om ditt liv. Växla mellan presens perfekt och preteritum. Använd Patricias mejl som inspiration.

Till: [   ]   Skicka: 📧

Hej!

Allt är bra här! **Jag har pluggat ganska mycket svenska och lärt mig många nya ord.** ← Presens perfekt. Tidpunkten är inte viktig.
Jag har också pratat mycket svenska. **Igår pratade** jag ← Preteritum. igår = specifik tid
med min pojkväns mamma i nästan en timme. **Det var jätteroligt.** ← samma tid som igår
Hon har hjälpt mig så mycket med min svenska. ← tiden är inte intressant
I tisdags var jag på Vasamuseet. **Det var spännande!** ← samma tid som i tisdags
Jag har spenderat ganska mycket pengar på fika och öl. ← tidpunkten är inte intressant
Nästa vecka ska jag försöka spara lite. ← dåtidsadverb = preteritum

Hälsningar,
Patricia

1 Transporter

A Läs dialogerna. Skriv dialogens nummer vid fotona.

1 – Från vilket spår åker vi?
– Spår 2.
– Vad har vi för platser?
– Plats 34 och 35 i vagn 5. Det är bredvid restaurangvagnen.
– Vad bra. Då kan vi äta frukost direkt!
– Ja, jag är jättehungrig. När går tåget?
– Om 10 minuter precis.
– Okej, då går vi till spår 2 nu!

2 – Hej, jag ska till Viktoriagatan.
– Okej, du kan ta första till vänster och sedan andra till höger. Sedan går du första till vänster igen. Där ligger Viktoriagatan.
– Vad bra. Är det långt?
– Nej, det tar max 5 minuter.
– Tack så jättemycket!

3 – Kan jag ta den här till Centralen?
– Ja, men du måste byta vid hållplatsen Södervärn. Där kan du ta tvåan, fyran eller åttan.
– Hur lång tid tar det?
– Ungefär 20 minuter totalt.
– Vad bra!

4 – Hur kör man snabbast till Göteborg?
– Du kör E4:an till Jönköping. Där tar du väg 40 mot Göteborg.
– Hur lång tid tar det?
– Det tar ungefär tre timmar.
– Okej, jag måste hitta en mack också.
– Det ligger en här rakt fram efter rondellen.

5 – När måste vi checka in?
– En timme före avgångstid. Men vi kan göra det på nätet.
– Vad bra! Och vi har bara handbagage. Då behöver vi inte stressa.

6 – När går färjan?
– Den går klockan fem på eftermiddagen. Vi kommer till Helsingfors på morgonen och vi åker tillbaka klockan sju på kvällen.
– Då har vi en hel dag i Helsingfors. Vad roligt!

7 – Ursäkta, går det här mot Rinkeby?
– Nej, mot Akalla. Gå av vid nästa station. Åk tillbaka till Västra skogen och ta blå linjen mot Hjulsta.
– Okej, tack!

8 – Hej, hur mycket kostar det att åka till stan?
– Det kostar ungefär 400 kronor. Det beror lite på trafiken.
– Har du inte fast pris?
– Nej tyvärr, jag kör på taxameter.

Då *går* vi till spår 2 nu.
När *går* tåget?

Från vilket spår *åker* vi?
Hur mycket kostar det att *åka* till stan?
~~Jag går till Amerika.~~

Verb: *går* och *åker*

B Säg rätt form av *gå* eller *åk*.

1 – När ... tåget till Umeå?
– Klockan 17.30.

2 – Ska ni ... bil eller buss till festen?
– Vi tar bussen.

3 – Kan man ... till Storberga?
– Nja, det är ganska långt. Det är bättre att ... bil eller cykla.

4 – Vi ska ... till Mexiko på semester.
– Vad kul!

5 – Hur kommer du till jobbet?
– Jag ... för jag har ingen bil.

6 – När ... nästa buss till universitetet?
– Klockan 13:45.

ÖB 9:1

> Där kan du ta **tvåan**, **fyran** eller **åttan**.

Siffror som substantiv

C Kombinera. Dra streck mellan alternativen.

1 Karin går i tvåan och Anton går i fyran.

2 Ivan är en typisk nollåtta. Han vet ingenting om Sverige utanför Stockholm.

3 Jag bor på tvåan. Du kan ta hissen.

4 Jag tar fyran till jobbet varje morgon.

5 Fyrtiotvåorna passar bäst. Jag tar dem!

6 De har en femma mitt i stan. De är jättenöjda.

7 Min bror är sjuttiosexa. Jag är åttiofemma så jag är 9 år yngre.

8 Vi bor i femtiosjuan. Välkommen klockan sju.

9 Jag behöver växla en tjuga. Har du några tior eller femmor?

10 En sexa whiskey, tack!

11 Jag slog två sexor! Vilken tur!

a buss/spårvagn
b skostorlek
c födelseår
d pengar
e gatunummer
f om Stockholmare
g våningsplan
h centiliter alkohol i en drink
i tärningsslag
j årskurs i skolan
k rum i en lägenhet

ÖB 9:2

D Lyssna på de inringade orden. Vilket ljud är långt? Markera.

- Flyget går klockan fyra. – Då måste vi (checka in) klockan tre.
- Var ska jag (gå av) om jag ska till Nygatan? – Nästa station.
- När (åker de tillbaka)? – På tisdag.
- (Kom du ihåg) boken? – Nej, tyvärr. Jag tar med den imorgon.
- (Tycker du inte om) glass? – Nej, faktiskt inte.
- Vad gjorde du i onsdags? – Jag (hälsade på) min morbror på sjukhuset.
- Var (växte du upp)? – I Indien, men jag bor i London nu.
- När (stiger du upp) på morgonen? – Klockan sex.

Partikelverb är verb som har en partikel. Verb + partikel är som ett "paket" och betyder en sak tillsammans. *Gå* är inte samma som *gå av* och *hälsa* är inte samma som *hälsa på*. Partikeln är alltid betonad. Verbet är obetonat. Det finns många partikelverb i svenskan.

E Lyssna. Hur kommer de till jobbet? Skriv.
Exempel:

Jag tar bussen till jobbet.

   buss

1 _____   3 _____
2 _____   4 _____

F Lyssna igen.

1 a Vad gör han på tunnelbanan?
  b Vilken buss tar han?

2 a Hur lång tid tar bilresan?
  b Hur börjar de dagen på hotellet?

3 a Hur många dagar arbetar han?
  b Hur många dagar är han ledig?

4 a Var bor hon?
  b När börjar hon jobba?

G Hur kommer du till kursen och/eller jobbet?
Exempel:

– Jag cyklar till stationen. Det tar tio minuter.
Sedan tar jag pendeltåget till ...

2 John och Pia planerar

John och Pia har tagit flyget till Malmö. Från flygplatsen har de tagit en buss in till stan. Nu sitter de på vandrarhemmet och planerar semestern.

Pia: På tisdag åker vi till campingen. Men först har vi tre dagar här i Malmö. Vad vill du göra?

John: En dag vill jag åka till Köpenhamn. Då ser vi Öresundsbron också. Och jag vill gärna gå på några museer. Du då?

Pia: Jag skulle vilja shoppa. Och sitta på kaféer och titta på folk. Det är så mysigt!

John: Okej. Ska vi göra så här? Idag tittar vi på stan och fikar. Imorgon åker vi till Köpenhamn.

Pia: Ja! Och på måndag går vi på muséer och shoppar.

John: Det låter bra!

På tisdag åker vi till campingen.

Presens som presens futurum med framtidsadverb.

A Skriv rätt form av verben.

I höst ska jag _____ (studera!) på universitetet. Kursen _____ (börja!)
           1   2

i slutet av augusti. Vi _____ (ha!) föreläsningar nästan varje dag. I oktober ska
                       3

jag _____ (läs!) en kurs i franska också. Den _____ (sluta!) i december.
    4   5

Då _____ (var!) det snart jul och jag _____ (åk!) hem till mina föräldrar.
   6   7

ÖB 9:3

B Lyssna. Skriv ner alla siffror du hör. Jämför med en partner. Har ni hört samma siffror?

1 På tåget:
Och snart kommer vi in till Växjö station. Vi kommer in på spår ____.
Ni som ska till Kalmar ____ : ____ ska ta tåget från spår ____ och för er som ska till Lund ____ : ____ går tåget från spår ____ C.

2 På bussen:
Nästa hållplats är Lunden. Där kan ni byta till buss ____ och ____. Den här bussen är cirka ____ minuter försenad, men anslutningsbussarna väntar på oss.

3 På flygbussen:
Välkomna till bussen till Arlanda. Resan tar ungefär ____ minuter så vi är framme cirka ____ : ____. Vi kommer att stanna vid terminal ____ först. Sedan åker vi till terminal ____ och terminal ____.

4 På flygplatsen:
Sista utrop för flight nummer ____ till Malmö med avgångstid ____ : ____. Gå till gate ____ F.

3 Hur kommer vi till Moderna museet?

John och Pia ska gå på Moderna museet i Malmö. Hur ska de komma dit? De frågar i receptionen på vandrarhemmet.

Pia: Hej, vi ska till Moderna museet.
Receptionisten: Ja, vad kul! Jag var där för två dagar sedan. De har en jättefin utställning med svensk surrealism.
Pia: Jaha, var den intressant?
Receptionisten: Ja, jag kan verkligen rekommendera den.
Pia: Okej, vad bra! Hur kommer vi till museet? Kan man gå dit?
Receptionisten: Ja, absolut! Det tar ungefär 50 minuter.
John: Oj, jag orkar inte gå så långt.
Receptionisten: Då kan ni ta buss 2 mot Västra hamnen från hållplatsen här. Den heter Vandrarhemmet. Ni går av vid Djäknegatan och sedan är det fem minuters promenad.
Pia: Går bussen ofta?
Receptionisten: Den går var tionde minut: fem över, kvart över, fem i halv och så vidare. Nästa buss går om fem minuter. Ni hinner!

A Skriv en lista på olika platser i staden ni är i.

B Fråga varandra: Hur kommer jag till …?

Fråga	Svara
Hur kommer jag till …?	Ta bussen/tunnelbanan/spårvagnen mot …
Vilket nummer?	Nummer …
	Byt vid … till … mot …
	Gå av vid …
Kan jag gå till …?	Ja, det tar ungefär … minuter/timmar.
	Det är ganska långt.

Jag såg utställningen **för** en vecka **sedan**
Bussen går **om** fem minuter

tidsprepositioner för
DÅTID och FRAMTID

C Fråga varandra.

1. När började vi idag?
   När började kursen?
   När kom du till Sverige? o.s.v.

   Exempel:
   – Vi började för en timme sedan.

2. När har vi rast?
   När slutar vi?
   När ska du äta lunch/middag?
   När har du semester? o.s.v.

   Exempel:
   – Vi har rast om en timme.

ÖB 9:4

Svara:
För en timme/en vecka/två månader … sedan

Svara:
Om en timme/en vecka/två månader …

D Kombinera bild och fras.

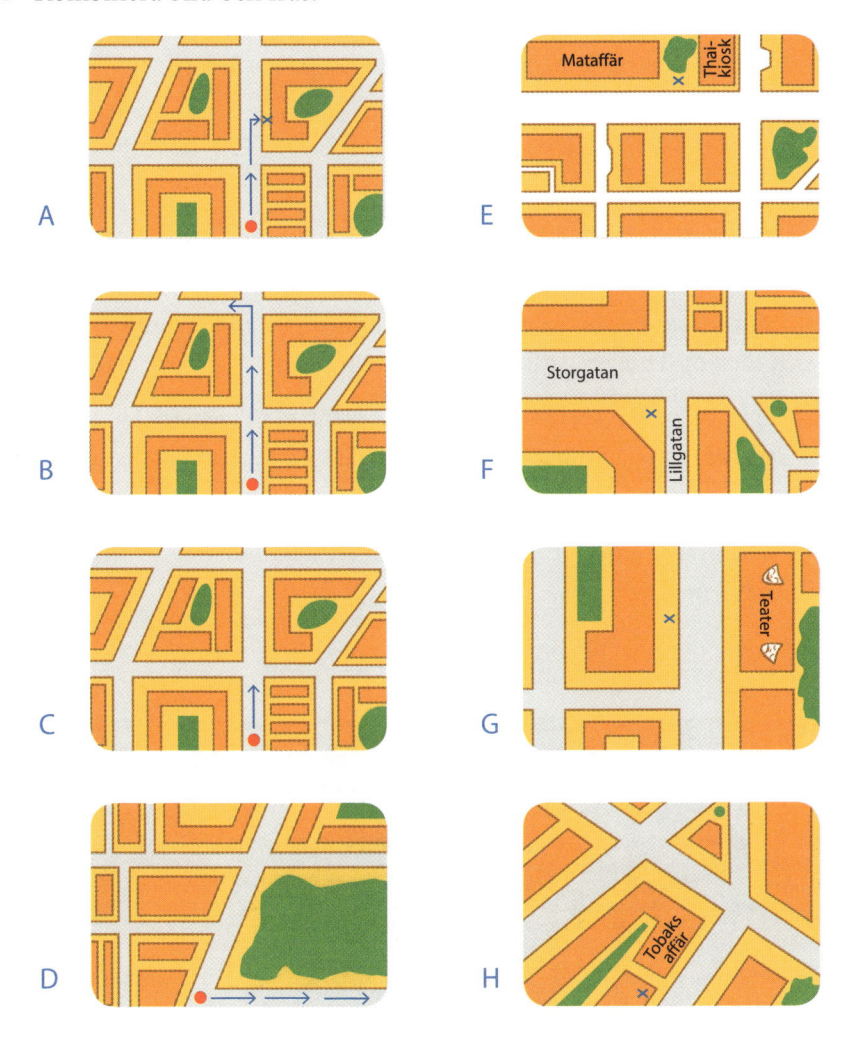

1 Det ligger i korsningen Storgatan/Lillgatan. _____
2 Det ligger mellan thaikiosken och mataffären. _____
3 Det ligger på höger sida (av gatan). _____
4 Gå rakt fram. _____
5 Den ligger vid tobaksaffären. _____
6 Ta andra gatan till vänster. _____
7 Den ligger mittemot teatern. _____
8 Ta vägen längs parken. _____

ÖB 9:5

4 Var ligger …?

Pia och John går av bussen på Djäknegatan. De frågar en person på gatan om vägen:

– Ursäkta! Var ligger Moderna museet?

A Vilken av förklaringarna visar den på kartan?

1 – Ni passerar en stor skola och tar till höger. Sedan går ni längs kanalen och tar till vänster på en bro över kanalen. Efter bron tar ni första till vänster och första till höger. Då ser ni Moderna museet.

2 – Gå rakt fram. Ta andra tvärgatan till höger och första till vänster. Moderna museet ligger på vänster sida på den gatan.

3 – Ta första gatan till vänster. Ni går förbi en park och korsar en gata. Sedan tar ni första gatan till vänster. Efter det tar ni första gatan till höger. Där ligger Moderna museet.

B Rita in de två andra vägarna på kartan. Börja vid prickarna.

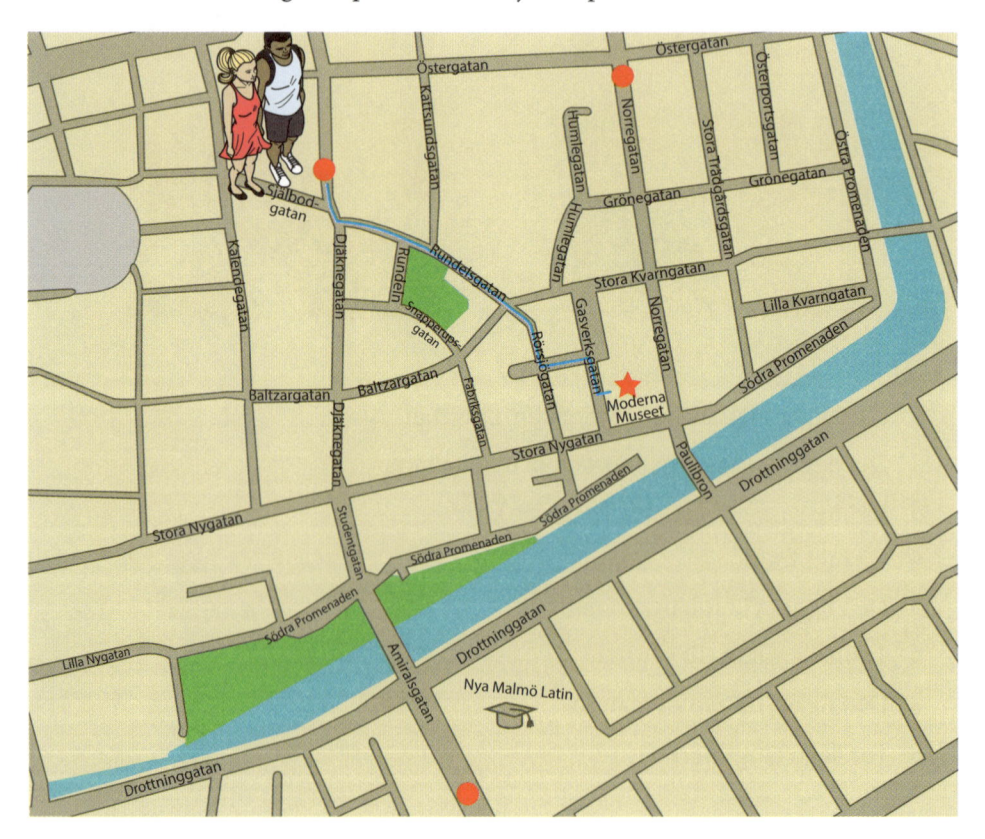

5 Lite om Malmö

Malmö ligger i västra Skåne vid Öresund. Mellan Sverige och Danmark går Öresundsbron. Mitt i Öresund byggde man en artificiell ö för bron. Ön heter Pepparholm. På ön finns det många ovanliga blommor och fåglar för inga människor får vara där. Mellan Pepparholm och Sverige går en bro och mellan ön och Danmark går en tunnel. Öresundsbron är alltså inte bara en bro, den är en tunnel också.

Storköpenhamn och Stormalmö heter tillsammans Öresundsregionen. I Öresundsregionen bor och arbetar nästan 4 miljoner människor. Många pendlar över bron för att arbeta eller studera. Man kan studera på universitet i Köpenhamn eller i Malmö.

I Malmö bor människor från många länder. På Möllevångstorget mitt i Malmö kan man köpa frukt och grönsaker och på gatorna runt torget ligger mataffärer och restauranger med mat från hela världen. En känd person från Malmö är fotbollsspelaren Zlatan Ibrahimović.

A Stryk under *i* och *på* i texten *Lite om Malmö*. När säger/skriver man *i* och *på*?

   ____ + gata

   ____ + landskap

   ____ + platser som kafé, restaurang, teater, bio, universitet

   ____ + region

   ____ + stad

   ____ + torg

   ____ + ö

ÖB 9:6

B Ng-ljudet [ŋ]. Lyssna och imitera.

Stavning	Exempel
ng	må**ng**a ri**ng**er korsni**ng** forskni**ng**
g + n	bega**gn**at A**gn**es Ma**gn**us re**gn***
n + k	tä**nk**er ski**nk**a Fra**nk**rike ba**nk**

*special: design [desajn], prognos [prågnås], champagne [champanj] lasagne [lasanj]

C Lyssna på orden. Skriv *ng*, *g* eller *n*.

1 dri___k

2 föreläsni___

3 lu___nt

4 lå___

5 må___a

6 tä___k

7 va___n

6 Ett sms

Här är tre sms. Sortera svaren så att det blir tre sms-konversationer.

A Från John till hans lärare i Kanada.

B Från Pia till mamma.

C Från Pia till hennes partner.

> Hej! Hur är det med dig? Här är allt bra. Jag är på semester i Skåne med min kompis Pia! Vi badar och äter god mat! Vädret är toppen!

> Hej mamma! Hur mår katten?

> Älskling! Jag längtar efter dig! Det är jättefint i Skåne. Vi badar och slappar. Vad gör du?

Svar: sms nr ☐☐☐   Svar: sms nr ☐☐☐   Svar: sms nr ☐☐

1. Den börjar i september. Vi ses då.
2. Hej! Det låter härligt! Jag har det bra. Jag jobbar men ska ha semester om två veckor. När kommer du tillbaka?
3. Självklart! Det har jag redan gjort! Kram Mamma
4. Hon mår bra. Hon har lekt med grannens barn. Hur är det i Skåne?
5. Ja, det gör vi. Puss! /din P
6. Jag flyger tillbaka om en vecka. När börjar nästa kurs?
7. Jag är på jobbet! Mycket att göra här… Längtar efter dig också! Vi ses snart! Kram K
8. Jättebra! Kan du vattna blommorna också?

ÖB 9:7–11

Skriv!

Skriv ett sms till någon som du känner.

Börja
Hej!
Hej hej!
Tjena!
Tja!

Förkortningar
lr (eller),
oxå (också),
o (och)
e (är)
pok (puss och kram)

Avsluta
Puss!
Kram!
Hörs!
Ses!
Ses och hörs!

1 Fakta om Sverige

A Vad vet ni om Sverige? Skriv 3–5 saker.

B Skriv listorna på tavlan och prata om Sverige i hela gruppen.

Sverige – natur, historia och ekonomi

Sverige ligger på den skandinaviska halvön i norra Europa. Polcirkeln går genom den norra delen av Sverige.

Landskapet ser mycket olika ut i de norra och södra delarna av landet. I norr finns mycket fjäll och skogar, men i söder är landskapet plattare. Man är aldrig speciellt långt ifrån vatten. Kustlinjen är lång och det finns cirka 100 000 sjöar. Skärgårdarna utanför kusterna har tiotusentals öar. De största öarna är Gotland och Öland, som ligger i Östersjön.

Sverige är ett av Europas större länder till ytan, men här bor bara lite mer än 9,5 miljoner människor. Av dem bor ungefär 85 procent i den södra tredjedelen.

Sveriges ursprungsbefolkning är samerna. De har ett eget språk, samiska, och ett eget parlament som heter Sametinget. Samerna har bott i Sverige mycket länge, kanske sedan istidens slut. Idag bor det cirka 20 000 samer i norra Sverige. Det bor också många samer i norra Norge, Finland och Ryssland. I Tornedalen, i norra Sverige, bor också grupper som talar meänkieli.

Förut var Sverige ett fattigt jordbruksland och ungefär 1,5 miljoner svenskar emigrerade mellan 1850 och 1930, mest till Nordamerika. Men på 1900-talet började industrin växa mer och mer i Sverige och man behövde arbetskraft. Därför kom det många människor från de nordiska länderna och från Sydeuropa på 1950- och 1960-talet för att arbeta inom industrin.

På 1970-talet gick Sveriges ekonomi sämre och man ändrade politiken för invandring. Nu blev det svårare att komma till Sverige för att arbeta. Samtidigt öppnade man Sverige mer för flyktingar som sökte asyl. Många från bland annat Latinamerika, Mellanöstern och forna Jugoslavien har kommit till Sverige efter det. Från år 2008 har det blivit lättare igen för personer som inte är EU-medborgare att invandra till Sverige för att arbeta. Nästan en femtedel av alla som bor i Sverige idag är födda utomlands, eller har föräldrar som båda kommer från ett annat land.

För svensk ekonomi är exporten mycket viktig. Sverige har länge exporterat trä, pappersmassa, järn och stål. Men nu är också annan export viktig, som elektronik, telekom och musik. Exempel på svenska artister som är och har varit populära utomlands är ABBA, Roxette, Ace of Base, Cardigans och Robyn.

Källor: SCB, Landguiden (Utrikespolitiska institutet), Svenska Institutet, Migrationsinfo.se (2013)

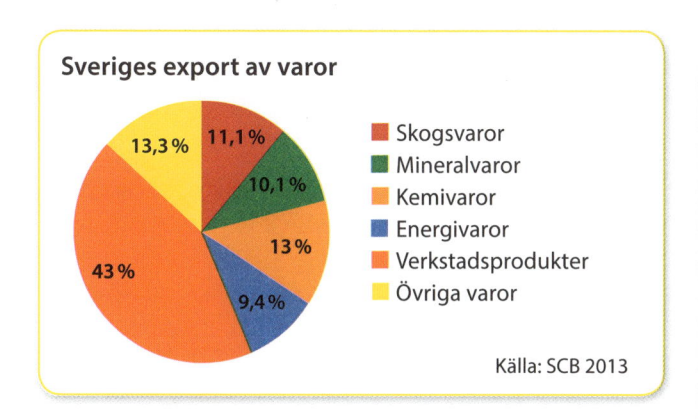

Sveriges export av varor

- Skogsvaror: 11,1 %
- Mineralvaror: 10,1 %
- Kemivaror: 13 %
- Energivaror: 9,4 %
- Verkstadsprodukter: 43 %
- Övriga varor: 13,3 %

Källa: SCB 2013

Några företag som är eller har varit svenska:

AGA
Electrolux
Ericsson
SKF
Atlas Copco
H&M
IKEA
Volvo
Skype
Spotify
Acne

C En person ställer frågorna och den andra svarar men tittar inte i texten *Sverige – natur, historia och ekonomi*.

1. Var ligger Sverige?
2. Hur ser landskapet ut i norra och södra Sverige?
3. Hur många sjöar finns det i Sverige?
4. Vad heter de största öarna?
5. Hur många invånare har Sverige?
6. Var bor de flesta?
7. Hur många samer bor det i Sverige?
8. Vad heter samernas parlament?
9. Har Sverige alltid varit ett rikt land?
10. Hur många svenskar emigrerade mellan 1850 och 1930?
11. Vad har Sverige för naturresurser?
12. Varför flyttade många till Sverige på 1950- och 1960-talet?
13. Ge exempel på vad Sverige exporterar.
14. Ge exempel på några svenska artister.

Inte 100 % säker på svaret
Hmm, jag kommer inte ihåg precis, men jag *tror* att …
Hmm, det var en svår fråga… vänta, nu måste jag tänka lite…
Hmm, vad heter den/det/de (nu igen)?
Jaaa, hur många var det (nu igen)?

Respons
Ja, det stämmer./Ja, det är rätt.
Exakt!
Nja, det är inte riktigt rätt.
Nej, det är faktiskt fel.

ÖB 10:1

D Titta på listan över kända svenskar här nedanför. Skriv rätt siffra efter namnen.

1 författare
2 politiker/diplomat
3 vetenskapsman/uppfinnare
4 popstjärna
5 regissör
6 skådespelare/skådespelerska
7 helgon
8 idrottare
9 operasångare/operasångerska
10 drottning

Björn Borg	_____	Heliga Birgitta	_____
Ingmar Bergman	_____	Agnetha Fältskog	_____
Carl von Linné	_____	Selma Lagerlöf	_____
Tomas Tranströmer	_____	Anna Lindh	_____
Zlatan Ibrahimovic	_____	Greta Garbo	_____
Kristina	_____	Stieg Larsson	_____
Noomi Rapace	_____	Jenny Lind	_____
Anders Celsius	_____	Alfred Nobel	_____
Olof Palme	_____	Anja Pärson	_____
Ingrid Bergman	_____	Henning Mankell	_____
Raoul Wallenberg	_____	Birgit Nilsson	_____
August Strindberg	_____	Astrid Lindgren	_____

E Kan ni några andra kända svenskar?

Stieg Larssons Millennium-serie om Mikael Blomkvist och Lisbeth Salander har sålt i mer än 60 miljoner exemplar och finns på nästan 40 olika språk. Källa: Svenska Institutet 2013

2 Konstigt i Sverige

För svenskar är det mesta i Sverige normalt. Men vad tycker utlänningar? Studenttidningen har intervjuat några utbytesstudenter i Sverige.

En fråga var: "Tycker du att något är konstigt i Sverige?" Här är några av svaren.

För mig är en mil 1 610 meter, men här i Sverige är en mil 10 kilometer. Och alla pratar i mil. Till exempel: Hur långt är det till Stockholm? 7 mil. Det är konstigt, tycker jag.
Ryan, England

På engelska säger vi "grandmother" och "grandfather". På svenska säger man mormor eller farmor, morfar eller farfar. Då vet man om det är mammas eller pappas. Det är konstigt, men väldigt praktiskt för man vet alltid vem man pratar om.
Theresa, Australien

Pizzorna i Sverige är inte som i Italien. Igår åt jag en pizza med kebab på och min kompis åt en pizza med fläskfilé och bearnaisesås. Jättekonstigt men ganska gott faktiskt.
Fabrizio, Italien

I Sverige äter man en del konstiga saker. Köttbullar med sylt till exempel. Och jag har sett att en del äter ketchup till pasta. Det är äckligt!
Carine, Frankrike

Man ser så många pappor i Sverige! De går runt på stan tillsammans mitt på dagen med barnvagnar och dricker kaffe latte. Jättegulligt, och nytt för mig. I många andra länder är männen inte föräldralediga, inte så länge i alla fall.
Wang, Kina

Det är inte så många som röker här. Men folk har tobak under läppen i stället. Snus, heter det. Jag har provat det en gång. Usch, det var inte gott!
Dorota, Polen

Hekto. Det använder inte vi. Vi pratar om gram eller kilo. Varför säger man 6 hekto i stället för 600 gram?
Claudia, Österrike

Ibland drar svenskar in luft och gör ett konstigt ljud i stället för att säga "ja". Först trodde jag att de hade astma.
Kaspars, Lettland

A Vad tycker ni är konstigt/intressant/kul i Sverige? Gör en lista.

B Berätta för gruppen bredvid.

Säga vad ni tycker	**Respons**
Vi tycker att … är (lite) konstigt/kul/intressant.	Det tycker vi också. Ja, verkligen! Tycker ni? Jaha, hur är det i … då?

C Lyssna på orden. Vilket ljud försvinner från ord som slutar på –ig(a/t) och –iskt? Markera.

1. konstig
2. gulliga
3. äckligt
4. praktiskt
5. faktiskt

D Säg meningarna.

1. Exporten är mycket viktig.
2. Sverige var ett fattigt land.
3. Det är konstigt men ganska praktiskt.
4. Det är äckligt!
5. Det är jättekonstigt men ganska gott faktiskt.
6. De är gulliga men lite konstiga.
7. Det är hemskt!

3 Mer om Sverige

A Fyll i listan. Använd fakta ur rutan här nedanför.

> 23 invånare/kvadratkilometer
> 3 562 miljarder kronor
> 450 294 kvadratkilometer (km²)
> 46
> 6 juni
> Gotland
> ~~svenska~~
> 9 500 000
> Carl XVI Gustaf
>
> Göteborg
> Kebnekaise, 2 103 meter
> Klarälven-Göta älv
> konstitutionell monarki
> samiska, finska, meänkieli, romani chib och jiddisch
> ~~Stockholm~~
> svensk krona (SEK)
> Vänern

Huvudstad:
Stockholm

Andra största stad:

Officiellt språk:
Svenska

Officiella minoritetsspråk:

Statsskick:

Regent:

Yta:

Befolkning:

Befolkningstäthet:

Valuta:

Största sjö:

Största ö:

Längsta flod:

Högsta berg:

Landsnummer:

Nationaldag:

Bruttonationalprodukt (BNP):

B Här är en lista över de vanligaste för- och efternamnen i Sverige 2012 (SCB, 2013). Lyssna och skriv hur många som har namnet. (Alla har inte namnet som tilltalsnamn.)

Kvinnonamn	Mansnamn	Efternamn
1 Maria _____	1 Karl _____	1 Andersson _____
2 Elisabeth _____	2 Erik _____	2 Johansson _____
3 Anna _____	3 Lars _____	3 Karlsson _____
4 Kristina _____	4 Anders _____	4 Nilsson _____
5 Margareta _____	5 Per _____	5 Eriksson _____

C Lyssna på de vanligaste förnamnen på de barn som föddes 2012 (SCB, 2013). Skriv namnen du hör (flicknamnen först, sedan pojknamnen). Skriv på separat papper.

D Skriv nyckelord med fakta om ditt land och öva att prata om det. Du kan berätta lite om geografi, språk, religion, ekonomi, kultur, sport o.s.v.

E Berätta för de andra i gruppen om ditt land. Tänk på att du måste använda enkelt språk så att de andra förstår.

> … ligger i södra/norra/östra/västra/centrala … och gränsar till …
> … har X miljoner invånare och huvudstaden heter … Andra stora städer är …
> Det finns mycket skog/vatten/öken/berg/åkermark … men också … Den största sjön heter …
> … är officiellt språk, men det finns också olika minoritetsspråk, till exempel …
> De flesta är muslimer/kristna/protestanter/katoliker/hinduer/judar/buddhister … men det finns också …
> Man odlar … och producerar … Man exporterar … och importerar … Några … som är kända utomlands är … Kända idrottsmän från … är …

ÖB 10:2–3

Skriv!

Skriv en text om ditt land. Använd dina nyckelord från D. Använd fraserna från rutan här ovanför. Titta på texten *Sverige – natur, historia och ekonomi*.

11

1 En ny partner?

A Hur kan man göra för att träffa en partner? Prata med varandra och skriv sedan en lista med idéer.

B Presentera er lista för några andra i klassen och prata om de olika alternativen.

Föreslå	**Respons**
En idé är att …	**Positiv**
Man kan prova att …	Ja, det är en bra idé!/Vilken bra idé!
Det bästa är kanske att … Där/Då kan man …	Ja, just det!
Ett bra sätt är att …	Det låter bra!
	Negativ
	Ja, men det kanske är lite svårt …
	Hm, jag vet inte …
	Nja, jag tror inte att det är en så bra idé.

C Titta på verbfraserna i D. Kontrollera att ni förstår dem.

D Lyssna på texten *Anna, 34 år*. Titta inte i texten. Markera vilka av aktiviteterna ni hör.

82))

- ☐ gå på klubb
- ☐ åka på semester
- ☐ gå ut med en hund
- ☐ gå på kafé
- ☐ gå på gym
- ☐ byta jobb
- ☐ sjunga i kör

- ☐ gå på danskurs
- ☐ spela golf
- ☐ gå på museum
- ☐ gå på konstutställningar
- ☐ prata med folk i mataffären
- ☐ gå på språkkurs
- ☐ dejta på nätet

E Jämför med varandra. Har ni markerat samma aktiviteter?

F Läs texten och kontrollera era svar.

Anna, 34 år

Anna är trött på att vara ensam. Hon har haft flera pojkvänner, men hon har aldrig varit sambo. Hennes vänner har bjudit hem henne på middag med olika singlar, men ingen har passat Anna. Förut gick hon ofta ut på krogen med tjejkompisar, men nu har alla man och barn och sitter hemma på helgerna. Tråkigt, tycker Anna.

Så, hur gör man? Alla har olika idéer. En kompis sa att Anna borde köpa en hund. Med en hund träffar man en massa intressanta personer, sa han. Anna lånade en hund och gick ut med den i parken. Det var faktiskt ett par personer som började prata med henne: en dam i 70-årsåldern, två skolflickor och en grupp dagisbarn. Men ingen snygg man, så där som det brukar vara på film. Så Anna lämnade tillbaka hunden.

En annan kompis tipsade Anna om att hon kunde börja sjunga i kör. Hon sa att folk som sjunger i kör är så glada och trevliga. Så hon provade en kör som hette Vi sjunger tillsammans-kören. Men Anna kunde absolut inte se någon man som hon gillade. Och Anna tycker inte så mycket om att sjunga, så hon slutade efter några gånger.

En kusin rekommenderade en annan metod: att gå på konstutställningar! Där kan man stå länge och titta på någon tavla. Då kanske någon stilig man kommer och pratar med en om tavlan. Anna gick på flera konstutställningar och tittade på en massa tavlor, men ingen man kom.

Annas mamma sa att Anna borde gå på en kurs. Varför inte en språkkurs? Anna började på en nybörjarkurs i spanska. Tyvärr var det bara pensionärer på kursen. De hade alla hus i Spanien och ville lära sig språket. Anna gick bara på kursen en gång.

Nu prövar Anna nätdejting. Hon fick tipset av en kollega. Hon har en profil på en dejtingsajt och har fått ganska många svar. Anna sitter vid datorn och läser svaren.

Anza

Alias: Anza
Ålder: 34
Stad: Linköping
Söker: En man!

Mina besökare:
Leif
Adam
Krister
Putte

Beskrivning

Jag är en 34-årig barnfri singeltjej som har många vänner, en härlig lägenhet i stan och ett kul jobb. På fritiden sitter jag gärna och fikar och diskuterar livet – jag är trött på att hänga på krogen!

Tyvärr kan jag inte laga mat, men jag gillar att *äta* god mat. Kanske du är duktig i köket? 😊

Sportig? Nej, gym och löpning är inget för mig, men jag älskar att köra motorcykel! Min dröm är en tur på motorcykel genom Europa.

Skriv några rader till mig! Jag svarar på alla meddelanden.

Hej Anza!
Jag blev intresserad direkt när jag var inne på din sida! Jag gillar inte heller sport, men jag tar gärna en öl på nån sportbar då och då. Jag är 41 år och mellan jobb just nu.
  Nu bor jag hos mina föräldrar, för mitt ex tog vår lägenhet.
  Snälla, skriv ett mejl så kan vi ses snart!

Kramar
Leif

Hej Anza!
Jag är en 37-årig sporthatare på Gotland. Jag kan inte heller laga mat, men det finns korvkiosker …
  Jag har en stor gård med många djur här på Gotland. Här finns det plats för en trevlig kvinna också!

Du är välkommen hit!
Putte

Hej Anza!
Jag är en 37-årig frånskild man med två små gulliga barn som bor hos mig varannan vecka. Jag gillar att laga mat (du måste prova min älgstek! 😄), städa, tvätta och stryka. Och att leka med mina barn förstås!
  Jag är också trött på krogen. Vi kan sitta i mitt kök och diskutera livet tillsammans eller ta en härlig promenad i skogen!

Kramisar
Krister

Hej Anza!
Europa? Javisst, varför inte nästa sommar? Jag är en glad kille som tycker att allt är roligt!
  Vi kan åka till olika städer, promenera och gå på konstmuseer. Och fika såklart! 😊
  Tyvärr har jag inte körkort, men jag kanske kan sitta bak på din motorcykel.
  Jag älskar att laga mat och kan laga fantastiska kinesiska rätter. Du ska få se! Jag har inte heller barn, men en dag kanske …?
  Jag vill gärna träffas!

Adam

Av svenskarna är 60 procent positiva till nätdejting och 1 av 3 har använt nätet för att hitta en partner. Nätdejting är populärast bland folk mellan 21 och 35 år. Av dem har 40 procent nätdejtat.

Källa: DN.se (2013)

Anza är trött på att hänga på krogen.
Krister är **också** trött på krogen.
Anza kan **inte** laga mat.
Putte kan **inte heller** laga mat.

också
~~också inte~~ → inte heller

G Säg meningar och svara med *också/inte heller*. Använd orden i rutan här nedanför.

| opera | laga mat | choklad | resa | pizza |

Jag tycker om (att) …   Jag också./Det gör inte jag.
Jag kan …   Jag också./Det kan inte jag.
Jag tycker inte om (att) …   Inte jag heller./Men det gör jag.
Jag kan inte …   Inte jag heller./Men det kan jag.

ÖB: 11:1

H Titta på orden i rutan här nedanför. Vilka adjektiv tycker ni passar för att beskriva Leif, Krister, Adam och Putte? Diskutera.

huslig	trevlig	rolig	töntig
intressant	arbetslös	spännande	tråkig
äventyrlig	manlig	ointressant	gullig

I Vilket mejl ska Anna svara på? Vem passar henne bäst? Varför?

Föreslå
Jag tycker att Anna ska skriva till … för …
Jag tycker inte att Anna ska skriva till … för …

Positiv = tycka detsamma
Det tycker jag också./Ja, han är perfekt!/Absolut!/Bra idé!/Jag håller med.
Nej, det tycker inte jag heller./Inte jag heller.

Negativ + nytt förslag
Ja, kanske, men är inte … bättre?
Nja, jag vet inte. Men … verkar bättre!
Nej, det tycker inte jag. Kan hon inte skriva till … i stället?
Va! Tycker du? Jag tycker att hon ska skriva till …

J Skriv ett svar tillsammans från Anna till en av männen.

K Läs upp ert svar för de andra i klassen.

> Anna lånade en hund **och** gick ut med den i parken.
> Vi kan sitta i mitt kök och diskutera livet tillsammans **eller** ta en härlig promenad i skogen!
> Tyvärr har jag inte körkort, **men** jag kanske kan sitta bak på din motorcykel.
> Nu bor jag hos mina föräldrar, **för** mitt ex tog vår lägenhet.
> Anna tycker inte så mycket om att sjunga, **så** hon slutade efter några gånger.

Konjunktioner

L Säg meningar.
Exempel:

Klockan är fem, så …

– Klockan är fem, så jag går hem nu.

1. Jag vill följa med, men …
2. Biljetterna var slut, så …
3. Alex spelar trummor och …
4. Jag går hem nu, för …
5. Åsa gillar bananer, men …
6. Ska vi gå och fika eller …?
7. Idag är det fredag, så …
8. Jag cyklade till jobbet, för …

ÖB: 11:2

M Repetera substantiv. Stryk under de 15 första substantiven du kan hitta i texten *Anna, 34 år*.

N Vilken form står substantiven i – singular obestämd eller bestämd form eller plural obestämd eller bestämd form? Behöver du repetera reglerna? Se s. 231.

O Skriv en lista med de fyra formerna för varje substantiv.
Exempel:

SINGULAR		PLURAL	
obestämd form	bestämd form	obestämd form	bestämd form
en pojkvän	pojkvännen	pojkvänner	pojkvännerna
en middag	middagen	middagar	middagarna

KAPITEL 11 • 117

> Anna lånade **en hund** och gick ut med den i parken.
> Anna lämnade tillbaka **hunden**.

> Substantiv: användning av obestämd och bestämd form

P Titta på substantiven i *Anna, 34 år* igen. Varför står de i obestämd eller bestämd form?

ÖB 11:3

2 Datorer och IT

A Välj ord ur rutan och skriv dem vid rätt siffra.

```
ett tangentbord      ett snabel-a        en mus            ett utropstecken
en papperskorg       en mapp             en punkt          ett frågetecken
en sladd/kabel       fet stil            ett understreck   ett snedstreck
kursiv stil          ett bindestreck     en skärm          ett typsnitt
spara                ångra               öppna             sök
skriv ut             bifoga
```

🗑 1 _____   **t** 10 _____

🖨 2 _____   *t* 11 _____

📁 3 _____   Times 12 _____

@ 4 _____   . 13 _____

🔍 5 _____   ! 14 _____

📥 6 _____   ? 15 _____

📎 7 _____   / 16 _____

💾 8 _____   - 17 _____

↩ 9 _____   _ 18 _____

19 _____

20 _____

21 _____

22 _____

B Välj ord och fraser ur rutan och skriv dem där de passar in.

klicka	skriva ut	sätta på	en länk	kabel	laddar ner
logga in	lösenord	starta om	fungerar	hårddisken	stoppar in
virus	koppla	skärmen	fylla på	stänga av	

1. – Jaha, nu fungerar inte datorn. Vad ska jag göra?

   – Prova att _____ den. Det hjälper ibland.

   – Ja, titta, nu går det! Men jag hör ingenting…

   – Du måste _____ ljudet på den här ikonen.

   – Jaha, det visste jag inte. Tack!

2. – Åh, nej! Jag kan inte _____, för jag har glömt mitt _____. Typiskt!

   – Men mamma, _____ här så får du ett nytt på mejlen!

   – Jaha, så bra.

3. – Får jag låna din dator en stund?

   – Tyvärr, den är trasig. _____ har kraschat.

   – Nähä! Vad hände?

   – Jag vet inte, men jag tror att det är något _____.

   – Har du inte något antivirusprogram?

   – Jo, men jag klickade på _____ och sedan sa det bara pang! _____ blev helt blå.

4. – Anders, kan du hjälpa mig? Jag måste _____ det här dokumentet, men skrivaren _____ inte.

   – Okej, jag ska titta på den.

   – Tack, snälla!

   …

   – Men, du måste _____ papper! Det är slut.

   – Oj då.

5 – Mimmi, vad är det här för _____ ?

   – Du kan _____ datorn till skrivaren med den.

   – Hur då?

   – Du _____ den i USB-ingången på din dator. Titta, så här gör man.

   – Jaha, vad praktiskt!

6 – Pelle, du måste _____ datorn nu. Klockan är mycket!

   – Nej, inte nu. Jag _____ en film.

   – Men, är inte det förbjudet?

   – Jo, men alla gör det!

Jo = positivt svar på negativ fråga.

ÖB 11:4

C Lyssna på dialogerna i B och kontrollera dina svar. 84))

D Lyssna. Vad har personerna för e-postadress? Skriv på separat papper. 85))

E Fråga varandra: Vad har du för e-postadress? Stava för varandra.

Ett ord kan ha en eller flera stavelser. *Hej* har en stavelse, *ringer* har två stavelser, *tomater* har tre o.s.v. Ord som är betonade i en mening har en eller två betonade stavelser. I en betonad stavelse är vokalen eller konsonanten lång.

F Lyssna på orden här nedanför. Hur många stavelser har de? 86))
Exempel:

dator → *da-tor* = 2

förbjudet	tyvärr	klickade	kinesiska	röker
pang	intresserad	tack	fungerar	promenera
fantastiska	ingenting	ikon	dokument	skrivaren

120 • RIVSTART A1+ A2 Textbok   Kopiering av detta engångsmaterial är förbjuden enligt lag och gällande avtal.

G Lyssna igen och säg orden i F. Vilken kategori ska de vara i?
— = lång stavelse. ∪ = kort stavelse.

1 —

5 —∪∪

2 —∪
   dator

6 ∪—∪

3 ∪—

7 ∪—∪∪

4 ∪∪—

8 ∪∪—∪

H Lyssna en gång till. Är det lång vokal eller lång konsonant? Stryk under.   ÖB 11:5–9

Skriv!

A Välj en av personerna och skriv en profil till en dejtingsajt.

Jag är en man/kvinna i … -årsåldern som …
Mina vänner brukar säga att jag är …
På fritiden brukar jag …
Tre saker som är viktiga för mig är …
Jag tycker mycket om (att) …, men jag gillar inte …
Jag drömmer om … / Min dröm är …
Nu söker jag …

1

2

B Byt papper med en kollega och skriv ett svar.

Hej, …!
Jag blev intresserad direkt när …
Jag söker …
Jag är en man/kvinna som …
Jag tycker också om … / Jag gillar också …
Jag tycker inte heller om … / Jag gillar inte heller …
Du och jag kanske kan …

3

12

1 Mat i Sverige

A Kombinera foton och ord. Skriv rätt siffra vid fotona.

1 jordgubbar
2 älg
3 råg
4 sill
5 potatis
6 lax

B Har ni ätit sakerna i A? Tycker ni att det var gott?
Har ni inte ätit dem? Tror ni att det är gott?

Jag har inte ätit ... } Jag tror att det är gott/intressant/äckligt.

Jag har ätit ... } Jag tycker att det är gott/intressant/äckligt.
Jag tycker inte att det är så gott.

Traditionella svenska råvaror

Svensk vardagsmat är korv, pasta, pizza, sushi och kebab till exempel, men vad är traditionell svensk mat? Jo, maträtter som man lagar av svenska råvaror, alltså växter som kan växa här och djur som kan leva här. I Sverige är variationen inte så stor, eftersom klimatet är ganska kallt.

Potatis

Potatis är basen i svensk mat och många äter potatis varje dag. Kokt potatis är vanligast och andra potatisrätter är potatismos, pommes frites, stekt potatis, potatisgratäng, bakad potatis och potatissallad. På sommaren finns det färskpotatis som är extra god. Man kan äta den nykokt med dill och lite smör.

Potatisen kom till Sverige på 1600-talet, men bönderna var skeptiska. Den blev populär på 1800-talet, när man började göra brännvin av den.

Råg

Råg trivs bra i svenskt klimat. Råg behöver inte mycket värme för att växa och inte heller mycket vatten. Man blandar rågmjöl med vatten och salt och gör tunna, hårda bröd, som heter knäckebröd. I åtta av tio svenska hem finns det knäckebröd i skafferiet.

Älg

Älgen är det största djuret i Sverige och kallas skogens kung. En älg kan bli mer än två meter hög och väga ett halvt ton. Om du vill se en älg kan du besöka någon älgpark. Det finns ett trettiotal älgparker i Sverige. Eftersom man inte vill ha för många älgar, jagar man dem på hösten. Av köttet lagar man grytor och stekar eller gör älgbullar eller älgburgare. Köttet har en lite starkare smak än nötkött.

Sill

Sillen är en fisk som lever både på ost- och västkusten. Man äter den ofta inlagd i ättika (svensk vinäger), salt och socker. På ostkusten heter sillen strömming. Strömmingen äter vi ofta stekt med potatismos. När strömmingen är rökt, heter den böckling. En annan variant är surströmming som är fermenterad strömming. Den har väldigt stark lukt och lite speciell smak.

Lax

Laxen är en stor fisk som lever både i floder och hav. Nu äter man ofta odlad lax, eftersom det inte finns så mycket vild lax. Förr i tiden var lax vardagsmat och inte så populär. Nu är den festmat för många svenskar. Vi äter ofta laxen grillad, stekt, gravad eller rökt.

Jordgubbar

Från juni till augusti är det jordgubbsfeber i Sverige. Då kommer de svenska jordgubbarna. Många tycker att de svenska jordgubbarna är godare än de importerade. Man köper jordgubbar på torget och i mataffären, eller åker och plockar själv på "självplock". Av jordgubbarna gör man saft eller sylt eller så lägger man dem färska på en jordgubbstårta. Eller äter dem bara som de är.

C Välj en eller två råvaror från texten *Traditionella svenska råvaror*. Berätta om den eller dem för varandra. Titta inte i texten.

Svenskarnas matvanor

En undersökning om svenskars matvanor visar att få personer (2 av 10) äter tillräckligt med frukt och grönsaker. Många personer (8 av 10) äter för mycket fett och 7 av 10 äter för lite fibrer. Några trender är att vi äter mer fisk och skaldjur än tidigare och att vi äter mindre potatis. De flesta svenskar äter all mat. Bara få personer (3 av 100) är vegetarianer och lite fler (6 av 100) följer någon diet.

Källa: Livsmedelsverket (2011)

---

få personer   **många** personer
lite fibrer   **mycket** fett

få och många = man kan räkna
lite och mycket = man kan inte räkna
Ibland kan det vara både och:
– *Hur mycket fisk köpte du? – Tre kilo.*
(Man tänker inte på hur många fiskar, utan man vill veta hur mycket man köpt av substansen fisk.)
– *Hur många fiskar köpte du? – Fyra stycken.*
(Man tänker på hur många fiskarna är.)

D Kan man räkna eller inte eller både och? Skriv orden i rätt kolumn med *mycket* eller *många*.
Exempel:

Man kan räkna	Man kan inte räkna	Både och
många personer	mycket kött	många fiskar
		mycket fisk

biff   bröd   choklad   fett   ~~fisk~~   folk   godis
jordgubbar   kaffe   kanelbullar   ~~kött~~   mjöl   pannkakor   ~~personer~~
potatis   salt   sylt   te   öl

E Säg *få*, *många*, *lite* eller *mycket*.

1. – Farfar, jag åt jätte-… pannkakor igår! 15 stycken! Med … sylt!
2. – Hur … personer går i din klass?
3. – Svenskar äter … godis. Men … barn äter godis bara på lördagar.
4. – Jag är så mätt. Jag har ätit för … choklad och för … bullar.
5. – Var det … folk på festen?
   – Ja, det var ganska … personer där. Kanske 30.

ÖB 12:1

F Vad äter man i olika länder?

Berätta
Vi äter/dricker mycket/lite …
Vi äter/dricker inte så mycket …
Till vardags/fest äter vi…
Många äter …
En del äter …

Respons
Jaha./Det gör vi också.
Nähä./Det gör inte vi heller./Gör ni inte? Det gör vi.
Det låter gott./Hmm. Det låter inte så gott.

– Jag har inte ätit surströmming men jag tror att det är äckligt.
– Jag har ätit det. Jag tycker att det är ganska gott.

tror = vet inte/är inte säker
tycker = har en åsikt/värdering

G Säg *tycker* eller *tror* i rätt form.

1. – När kommer Ulla?
   – Jag vet inte, men jag … att hon kommer klockan sju.
2. – Har du ätit kräftor?
   – Ja, jag … att det är jättegott!
3. – Hur många människor bor i Sverige.
   – Jag är inte säker, men jag … ungefär 9 miljoner.
4. – Jag åker till Thailand i vinter. Jag … att det blir en fin resa!
5. – Jag har alltid … att mörk choklad är gott!
   – Jaså? Jag … att mjölkchoklad är godare.

ÖB 12:2

2 Vad gillar du för mat?

A Vem säger vad? Vad tror ni? Skriv 1–5 vid fotona.

Mia, 17 _____

Kurt, 33 _____

Sofia, 45 _____

Bertil, 78 _____

Margit, 55 _____

1 Jag tycker om svensk mat. Jag gillar pytt i panna och biff med lök. Och kåldolmar. Här i södra Sverige äter vi mycket sill också. Det är gott! Men jag tycker inte om moderna saker som pasta och ris. Potatis ska det vara. Jag bakar mycket, till exempel kanelbullar och småkakor. Jag brukar bjuda hem vänner och släktingar på fika.

2 Jag älskar stora sallader med fräscha grönsaker. Fisk och skaldjur gillar jag också. När jag handlar tittar jag efter ekologisk mat. Jag köper också gärna produkter direkt från bondgårdar ute på landet. Jag tycker om att laga mat tillsammans med mina barn och vänner.

Jag brukar göra mina egna teer av blommor och blad som jag plockar i trädgården och i skogen.

3 Nästan alla mina kompisar är vegetarianer. Jag också. Jag är vegetarian eftersom jag inte tycker om kött. Det är också fel att döda djur och jag gillar inte köttindustrin. Jag älskar sparris och tofu. Men hemma hos oss är inte alla vegetarianer, så vi lagar ofta flera olika maträtter till middag.

4 Jag brukar inte äta traditionell svensk mat. Här i stan finns det många spännande restauranger. När jag går ut och äter väljer jag sushi eller thaimat. Det är urgott! Om jag lagar mat hemma gör jag en enkel pasta eller nudlar. Jag äter ganska mycket snabbmat också, speciellt på natten på väg hem från krogen.

5 Jag jagar min mat själv. Här i norra Sverige jagar vi älg och olika fåglar, ripa till exempel. När jag är i skogen mår jag bra. Jag lagar all mat själv eftersom jag bor ensam. Jag gillar att plocka svamp och bär också. Svampen torkar jag och av bären kokar jag sylt. Jag tycker faktiskt att jag äter ganska bra mat.

Jag är vegetarian **eftersom jag inte tycker om kött.**
När jag går ut och äter väljer jag sushi eller thaimat.
Om jag lagar mat hemma gör jag en enkel pasta eller nudlar.
Jag tycker faktiskt **att jag äter ganska bra mat.**

Bisats:
En bisats börjar med en subjunktion t.ex. *eftersom*, *att*, *om*, *när*. En bisats kan inte stå själv.

~~Eftersom jag inte tycker om kött.~~

B Stryk under alla bisatser i texten *Traditionella svenska råvaror* och texten *Vad gillar du för mat?*. Hur är ordföljden i bisatserna? (Tips: subjekt + verb eller verb + subjekt eller både och? Var placerar vi *inte* i bisatser?)

ÖB 12:3

Kopiering av detta engångsmaterial är förbjuden enligt lag och gällande avtal.   KAPITEL 12 • **127**

C Fråga de andra i gruppen:

- Vad tycker du om för mat?
- Vilken mat tycker du inte om?
- Vad gillar du för restauranger?
- Tycker du om att laga mat hemma?

Skriv en lista.
Exempel:

NAMN	TYCKER OM	TYCKER INTE OM	RESTAURANG	LAGA MAT HEMMA
Brian	grönsaker	kött	gillar thailändska restauranger	Ofta! Gärna vegetariskt.

D Presentera någon intressant information från listan för gruppen.

Några nationalitetsadjektiv

australiensisk	indisk	libanesisk	spansk
brasiliansk	indonesisk	marockansk	sydafrikansk
colombiansk	ilaliensk	mexikansk	thailändsk
dansk	japansk	norsk	tunisisk
etiopisk	kenyansk	nyzeeländsk	turkisk
finsk	kinesisk	pakistansk	tysk
fransk	koreansk	polsk	ungersk
grekisk	kubansk	rysk	österrikisk

E Några barn berättar vad de gillar och inte gillar. Anteckna.
Exempel:

Jag gillar korv med makaroner. Men blodpudding är äckligt.

Gillar:	Gillar inte:
korv med makaroner	blodpudding

3 Vad händer i stan just nu?

Tre vänner sitter och pratar på en uteservering.
En hund ligger och sover.
En man står och tittar på en karta.

Sitter och/ligger och/står och + verb = man gör något just NU

A Säg fler fraser om bilden. Använd *sitter och*, *ligger och*, *står och*.

ÖB 12:4

4 På restaurang

A Skriv in fraserna där de passar. Lyssna sedan och kontrollera dina svar.

> Har ni ett bord för två personer klockan sju ikväll?
> Din biff ser också god ut!
> Jag är sugen på fisk.
>
> Kan vi få notan?
> Vill ni ha något att dricka?
> Är ni redo att beställa?

1 – Restaurang Lyxlaxen.
   – Hej, jag heter Petra Lundkvist. _____
   – Då ska vi se… Klockan sju är det lite fullt. Kan ni komma klockan halv åtta?
   – Ja, det går bra.
   – Okej Petra, då har jag bokat in två personer klockan halv åtta ikväll.

2 – Hej, har ni bokat bord?
   – Ja, Petra heter jag.
   – Okej, den här vägen. Varsågoda. Här har ni menyer. _____
   _____
   – Ja tack, vi kan ta två glas rött.
   – Okej, ett ögonblick.

3 – Vad ska du äta? _____
   – Jag åt fisk till lunch så jag tar nog en biff.

4 – _____
   – Ja, jag tar fisken.
   – Och biffen för mig. Kan jag få ris till i stället för potatis?
   – Ja, det går bra.

5 – Hur var din fisk?
   – Jättegod, verkligen! _____
   – Ja, den är god! Men det var för lite salt på. Kan du skicka saltet?

6 – Hur smakade det?
   – Det smakade bra. _____
   – Javisst.

> Vissa ord i en fras är betonade. Oftast är det de viktigaste orden som har betoning. Ordet <u>inte</u> är oftast inte betonat.

B Diskutera vilka ord som är viktiga i den här dialogen. Har samma ord betoning?

– Restaurang Lyxlaxen.
– Hej, jag heter Petra Lundkvist. Har ni ett bord för två personer klockan sju ikväll?
– Då ska vi se… Klockan sju är det lite fullt. Kan ni komma klockan halv åtta?
– Ja, det går bra.
– Okej Petra, då har jag bokat in två personer klockan halv åtta ikväll.

Frasbetoning

Flera ord tillsammans kan bli en fras. Då är sista ordet i frasen betonat. Det heter frasbetoning. Vid frasbetoning blir viktiga ord ibland obetonade. Här är några exempel på fraser.

förnamn + efternamn	→	Petra Lundkvist.
artikel + substantiv	→	ett bord
verb + objekt	→	har ett bord
har/hjälpverb + huvudverb	→	kan ni komma
verb + partikel	→	boka in

C Titta igen på dialogerna i *På restaurang* och fundera på om frasbetoningen gör att viktiga ord är obetonade ibland. Lyssna på dialogen och markera betonade ord.

D Lyssna på någon annan text eller dialog i kapitlet och markera betonade ord. Tänk på om det är "viktiga ord" eller "frasbetoning".

ÖB 12:5–8

Skriv!

Skriv en text om maten i ditt land.

I… odlar vi/växer mycket …
I… äter vi mycket/lite/ofta/sällan …
Till vardags/fest äter vi …
Många/En del äter …

I olika regioner äter man olika saker.
I… är … en vanlig rätt.
Maten i… är starkare/fetare/mer varierad än i Sverige.

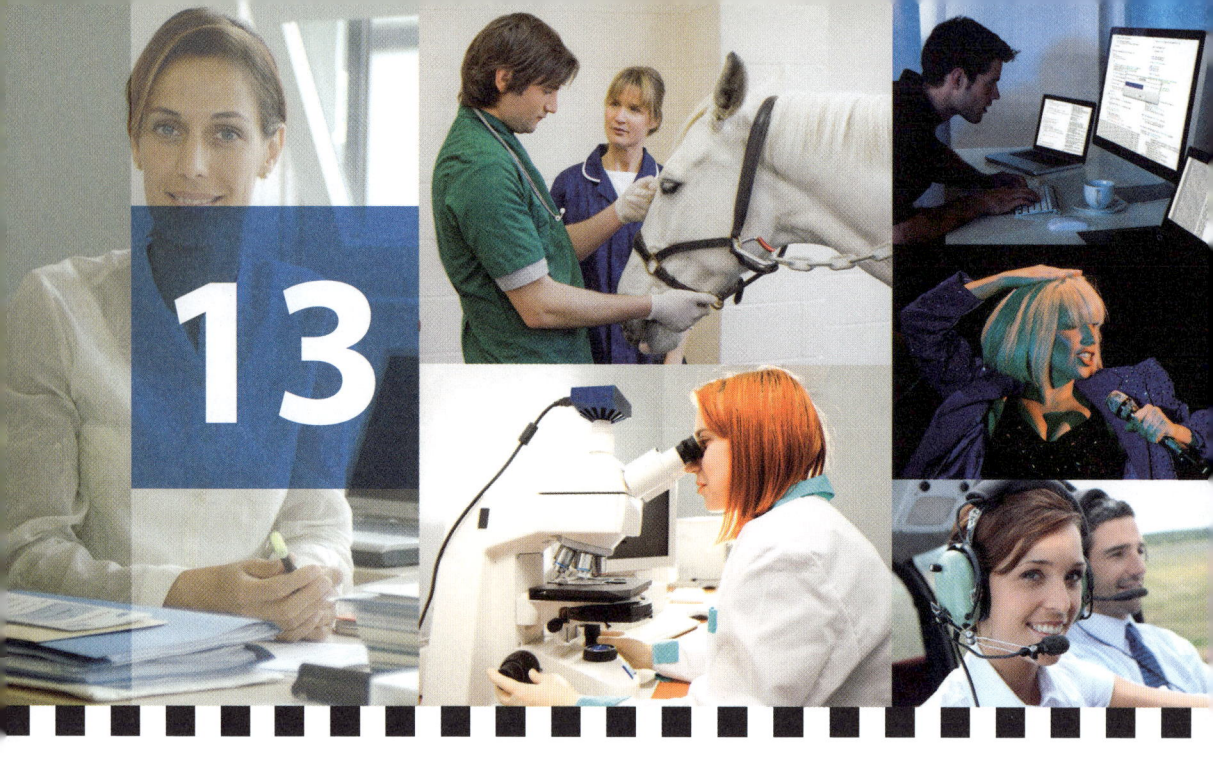

1 Vad vill du bli när du blir stor?

Tidningen Morgonposten frågade barnen i en skolklass i Karlstad vad de vill bli när de blir stora. Här är några av svaren:

Leyla
Jag älskar att flyga, så jag vill bli pilot. Det verkar roligt att se världen uppifrån. Men jag tycker om djur också, så jag ska kanske bli veterinär. Det är kanske bättre att vara veterinär för då kan man vara hemma hos familjen mer.

Oscar
Jag vet precis, fotbollsproffs! Då får man spela fotboll varje dag. Men pappa vill inte det. Han är programmerare och han vill att jag också blir det. Då kan man jobba hemifrån ibland.

Mehmet
Jag vill bli psykolog. Då får man hjälpa folk som har problem. Eller mikrobiolog, för det är min mamma. Hon säger att bakterier är jättespännande.

Caroline
Jag vill bli kändis – popstjärna eller skådespelare. Det är roliga jobb för alla vet vem man är. Och så får man ha fina kläder på sig. Men ekonom verkar också bra för då tjänar man mycket pengar.

A Arbeta 4–5 personer. Vad ville du bli när du var liten? Varför? Berätta för de andra i gruppen.

B Skriv på ett papper vad alla i gruppen ville bli. Skriv inga namn.

C Läs sedan upp listan för gruppen bredvid. Till exempel: – Polis, modell, läkare. Den andra gruppen gissar vem som drömde om vad. Till exempel: – Vi tror att Elena ville bli polis.

D Ge respons. Till exempel: – Ja, det stämmer./– Nej, det stämmer inte riktigt.

> Det verkar roligt att se världen uppifrån.
> Det är kanske bättre att vara veterinär för då kan man vara hemma hos familjen mer.

> Adverb: position, destination och från position.

Position	Destination	Från position
där	dit	därifrån
här	hit	härifrån
var	vart	varifrån
hemma	hem	hemifrån
borta	bort	bortifrån
inne	in	inifrån
ute	ut	utifrån
uppe	upp	uppifrån
nere	ner	nerifrån
framme	fram	framifrån

E Säg rätt adverb. Välj bland orden i parentes.

1 – Vilken tid kom du … igår? (hemma/hem/hemifrån)

2 – … bor Alfred och hans bror? (var/vart/varifrån)

3 – Har du varit på Moderna museet?

– Nej, ska vi gå … ? (där/dit/därifrån)

4 – Hur kommer jag … (här/hit/härifrån) till Stortorget?

5 – Vill du äta middag … hos mig ikväll? (hemma/hem/hemifrån)

6 – Serge äter lunch … varje dag. (ut/ute/utifrån)

7 – Snälla, kan du komma … ett ögonblick? (här/hit/härifrån)

8 – När gick du från jobbet igår?

– Jag gick … (där/dit/därifrån) klockan sex.

ÖB 13:1

2 Selin, mikrobiolog

Selin har bott i Sverige i åtta år. Hennes man heter Tomas och de har varit gifta i tolv år. De träffades i Istanbul och bodde där de första åren. De flyttade till Sverige när Selin fick ett toppjobb på ett läkemedelsföretag i Göteborg. Hon är mikrobiolog och har doktorerat på bakterier. Hon älskar att studera bakterier!

Selin och Tomas har två barn, en son som är fem år och en dotter som är tre. Tomas är översättare. Det är bra, för han kan jobba hemifrån. Han hämtar och lämnar på förskolan och lagar all mat. Selin jobbar ofta över så hon hinner inte göra så mycket av hushållsarbetet men ibland lagar hon turkisk mat.

På helgerna är hon för det mesta ledig. Då brukar hela familjen gå i skogen eller gå på museum eller på bio. På sommaren brukar hela familjen segla tillsammans och på vintern åker de skidor.

Den här veckan har varit stressig för Selin och igår hade hon en extra stressig dag. Först försov hon sig och sedan startade inte bilen. Ett par kinesiska affärsmän väntade på henne, så hon var tvungen att ta en taxi. De hade ett frukostmöte på Hotell Aveny i stan. Selin presenterade nya, intressanta idéer för affärsmännen. Sedan hade hon mycket att göra på jobbet, så hon köpte sushi som hon åt framför datorn.

På eftermiddagen var hon i labbet och kontrollerade arbetet där. Hon lämnade jobbet prick fem och åkte till en bra restaurang och köpte hämtmat för sex personer, kycklingfiléer och saffransrisotto. Klockan halv sju skulle middagsgästerna komma. Selin skyndade sig.

Klockan var sex när hon kom hem. Hon tog en snabb dusch medan Tomas dukade. Prick halv sju ringde de första gästerna på dörren. Samtidigt ringde telefonen. Det var från huvudkontoret i Genève. Selins chef sa att de måste ha en mycket viktig videokonferens. Det är hårt att ligga på topp!

A Skriv 8–10 frågor till texten om Selin.

B Fråga paret bredvid. De svarar men tittar inte i texten.

C Byt roller.

Fokusbetoning

Viktiga ord i en fras får betoning (lång vokal eller lång konsonant). Det viktigaste ordet i en fras får *fokusbetoning* (lång vokal eller konsonant + extra intonation). Fokusbetoningen använder man för att visa vad som är viktigt och för att visa att man inte menar något annat.

Exempel:
1 SELIN har bott i Sverige i åtta år. (SELIN – inte någon annan person.)
2 Selin har bott i SVERIGE i åtta år. (I SVERIGE – inte i något annat land.)
3 Selin har BOTT i Sverige i åtta år. (Hon har BOTT – inte gjort något annat.)
4 Selin har bott i Sverige i ÅTTA år. (Exakt ÅTTA – inte sju eller nio.)
5 Selin har bott i Sverige i åtta ÅR. (ÅR – inte dagar eller månader.)

D Diskutera vilken av varianterna 1–5 i rutan som är vanligast och varför.

E Prova att lägga fokusbetoning på olika betonade ord i fraserna nedan. Vad betyder de olika varianterna? Vilken/vilka variant(er) är mer naturliga?

1 Hennes man heter Tomas.
2 De har varit gifta i tolv år.
3 Selin och Tomas träffades i Istanbul.
4 De första åren bodde de där.
5 Selin fick ett jobb på ett läkemedelsföretag.
6 Familjen flyttade till ett hus i Göteborg.

F Stryk under de 15 första verben i texten *Selin, mikrobiolog*.

G Skriv alla former av verben. Vilka verbgrupper är det? (Se s. 228.)

Imperativ	Infinitiv	Presens	Preteritum	Supinum	Verbgrupp
ha!	ha	har	hade	haft	4b
bo!	bo	bor	bodde	bott	3

Igår hade hon en superstressig dag. Först försov hon sig och sedan startade inte bilen. Ett par kinesiska affärsmän väntade på henne …

Verb: preteritum som berättande tempus.

3 Sebastians dag

Sebastian arbetar som flygvärdinna och så här var hans dag igår.

136 • RIVSTART A1+ A2 Textbok

A Titta på bilderna och berätta om Sebastians arbetsdag igår. Använd orden i rutan om ni vill.
  Exempel:

> – Igår vaknade Sebastian klockan sex. Han var trött!
> Han gick upp och åt...

| fika (1) | skratta (1) | en flygvärdinna | en pilot | servera (1) |
| en flygplats | lägga sig (4b) | landa (1) | ett plan | |

B Skriv en text om Sebastians arbetsdag.

C Berätta om en speciell dag på ditt jobb. Använd preteritum. Jobbar du inte nu? Berätta om ett jobb du har haft eller en dag i skolan/på universitetet.
  Exempel:

> – En dag på mitt jobb i Mexico City var jag tvungen att hålla en presentation för 300 personer. Jag var jättenervös...

D Skriv ner din berättelse.

> **Den här veckan** har varit extra stressig för Selin.
> **Igår** försov hon sig.

den här veckan = NU-adverb
igår = DÅ-adverb

E Är adverben NU-adverb eller DÅ-adverb? Skriv NU eller DÅ.

1 för fem minuter sedan _____
2 i morse   _____
3 idag   _____
4 igår   _____
5 i förrgår   _____
6 i fredags   _____
7 den här veckan   _____
8 den här månaden   _____
9 i år   _____
10 förra året   _____

KAPITEL 13 • 137

F Ställ en fråga till varandra med varje adverb från E. Använd presens perfekt eller preteritum. (Tips: Vilket tempus använder man med NU-adverb och DÅ-adverb?)
Exempel:

A: Vad har du gjort idag?   C: Vad åt du till frukost i morse?
B: Jag har...   D: Jag åt...

G Skriv en eller två meningar med varje tidsadverb.
Exempel:

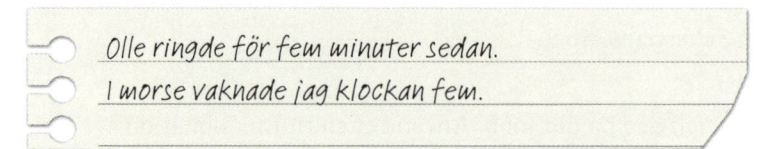

Olle ringde för fem minuter sedan.
I morse vaknade jag klockan fem.

ÖB 13:2

Hon **har doktorerat** på bakterier.   Presens perfekt: Tiden är inte intressant.

Selin **har bott** i Sverige i åtta år.   Presens perfekt: Tiden är inte slut.
= Selin bor i Sverige nu.
De **har varit** gifta i tolv år.
= De är gifta nu.

Selin har bott i Sverige **i** åtta år.   Tidspreposition:
De har varit gifta **i** tolv år.   Svarar på frågan "Hur länge ...?"

H Fråga varandra.

– Hur länge har du läst svenska/bott i .../arbetat på .../rökt/varit gift? o.s.v.

ÖB 13:3

4 Lediga jobb

A Titta på yrkena i rutan. Berätta för varandra vad de olika personerna gör.

trädgårdsmästare	guide	personlig tränare (PT)	snickare
tennislärare	sjuksköterska	taxichaufför	målare
bröllopsfotograf	barnvakt	datasupporttekniker	bilmekaniker
arkitekt	simlärare		

Exempel:

– En trädgårdsmästare planterar blommor.

B Hur ska man vara i de olika yrkena i A?

bra med barn	duktig på att köra bil	duktig på datorer	stark
händig	intresserad av historia	intresserad av människor	kreativ
modig	noggrann	omtänksam	social
teknisk	pedagogisk	bra på språk	trevlig

Exempel:

– En trädgårdsmästare behöver vara stark.

C Läs om Carina, Lasse, Inger och Ola som söker jobb.

Carina är 22 år. Hon har inte läst på universitetet, men hon har rest mycket och kan tala flera språk. Hon tycker om att träffa människor. Hon har körkort.

Ola är 57 år. Han har jobbat som idrottslärare i skolan i många år. Nu är han trött på att arbeta med barn och vill pröva något annat. Han gillar naturligtvis sport, men han är också mycket händig.

Lasse är 34 år. Han är mycket praktisk och kan reparera bilar och fixa elektroniska apparater. Många säger att han har "gröna fingrar" för han är så duktig med blommor.

Inger är 20 år. Hon studerar litteraturvetenskap på universitetet. Nu vill hon ha ett extrajobb, för hon behöver pengar. Hon kan mycket om datorer och hon är duktig på att fota och redigera bilder.

D Titta igen på yrkena i rutan i A. Vilket eller vilka jobb skulle vara bra för Carina, Ola, Lasse och Inger? Varför?

> X har ... tidigare.
> X är ...
> X har inte utbildning men jag tror att han/hon kan passa som ...
> Man behöver (ingen) utbildning för att jobba som ... så jag tror (inte) att X passar som det.

E Berätta för paret bredvid vad ni tycker.

Nu är han trött på *att arbeta* med barn och vill *pröva* något annat.

Verb: infinitiv med *att* och utan *att*

F Titta på meningarna. När har man inte *att* före infinitiv? Kan ni se ett system?

1 Jag ska *gå* på konsert i helgen. Det är roligt *att lyssna* på musik.
2 Jag måste *gå* till affären. Jag har många saker *att köpa*.
3 Jag brukar *åka* hem till en kompis efter skolan. Jag tycker om *att sitta* och prata med henne.
4 Jag vill *resa* till en storstad. Jag planerar *att ta* semester i oktober.

ÖB 13: 4

G Kristian berättar om en vanlig arbetsdag på hotellet i Halmstad. Vad har han för arbetsuppgifter på hotellet? Kryssa för rätt alternativ.

95))

☐ serverar frukost ☐ har vattengympapass
☐ diskar ☐ lagar middag
☐ städar ☐ serverar middag
☐ jobbar i receptionen ☐ står i baren
☐ serverar lunch ☐ spelar piano i baren

H Lyssna på Kristian igen och svara på frågorna.

1. När börjar Kristian arbeta?
2. Vilken tid är hotellfrukosten?
3. Hur dags äter Kristian lunch?
4. Var äter han lunch?
5. När är han ledig?
6. Vad gör han då?
7. Vilken tid slutar han arbeta?

ÖB 13: 5–8

Skriv!

Välj en organisation eller ett företag som du är intresserad av. Skriv ett mejl där du presenterar dig själv. Avsluta med att fråga om du kan komma på besök på företaget. Använd mejlet här nedanför som inspiration.

Till:
Skicka:

Hej!
Mitt namn är Lan Li. Jag är ingenjör med inriktning på telekom. I Kina jobbade jag med utveckling av mobiltelefonitjänster mot företag. Jag kom till Sverige för sex månader sedan och nu studerar jag svenska för att kunna börja arbeta här. När jag undersökte mobiltelefonibranschen här i Sverige tyckte jag att Framtidens Tele verkade vara ett intressant företag. Jag skulle gärna besöka er för att få veta mer om vad ni jobbar med och berätta mer om mig själv.

Vänliga hälsningar
Lan Li
073-123 54 67

1 Drömmen om ett landställe

En röd, charmig gammal stuga på landet, utsikt över havet, en trädgård full med blommor och långt till närmaste granne. Det är en semesterdröm för många svenskar.

På landet grillar man, åker båt, går barfota i gräset, plockar bär och svamp i skogen och badar i havet, även om det är lite kallt i vattnet ibland. Semestern är vila, soliga dagar och frihet. Om man inte orkar laga mat kan man äta filmjölk och blåbär till lunch varje dag. Och man behöver inte träffa andra än familjen om man inte vill. På kvällarna dricker man te och spelar kort med familjen och alla är glada och lyckliga.

I fantasin i alla fall. Men semestern blir inte alltid som i drömmen. Ett hus på landet betyder mycket arbete. Man måste måla och renovera huset, klippa gräs, hugga ved och mycket annat. Släktingar kommer på besök och stannar jättelänge och man måste laga en massa mat. Det regnar varje dag och alla i familjen bråkar med varandra och vill åka hem till stan. Så kan semestern också vara.

A Aktiviteterna i rutan här nedanför är exempel på vad många svenskar vill eller måste göra när de är på landet.

grilla	vila	hugga ved
åka båt	vara själv med familjen	ha släktingar på långa besök
gå barfota	spela kort med familjen	äta filmjölk och blåbär till
plocka bär och svamp	renovera huset	lunch varje dag
sola och bada	klippa gräs	

Diskutera följande frågor:

- Vilka av aktiviteterna tycker du verkar vara roliga/härliga?
- Vilka av aktiviteterna tycker du verkar vara konstiga/tråkiga/jobbiga?
- Tycker du om att vara på landet? Varför/varför inte?
- Har du varit på besök hos någon svensk på landet? Hur var det?
- Är det många som har ett landställe i ditt land?

Jag tycker att det verkar vara härligt att …
För mig verkar det vara jättekonstigt/jobbigt att …
Jag skulle inte vilja … eftersom …

Landställen – populärt i Sverige

Förr var det mer ovanligt i Sverige att ha landställe – eller fritidshus eller sommarstuga som man också kan säga. Under 1800-talet var det mycket exklusivt att äga ett fritidshus. På 1920- och 1930-talet var det fler och fler som kunde köpa ett, men den stora ökningen kom 30 år senare. Idag ligger Sverige högt upp i världsstatistiken över hur många som har ett landställe.

Svenska sommarstugor är populära bland utlänningar. År 2012 hade mer än 36 000 sommarstugor utländska ägare i Sverige. Det är ungefär 6 % av alla Sveriges sommarstugor. Det är vanligast att danskar, tyskar och norrmän köper stugor i Sverige.

Källa: SCB (2013)

B I en undersökning frågade man svenskar vad de var beredda att betala extra för om de köpte ett fritidshus. De fick välja bland faktorerna i listan här nedanför. Man kunde välja flera faktorer. Vilka faktorer tycker *du* är viktiga för ett fritidshus? Numrera i listan från 1 till 5. 1 = inte så viktigt, 5 = jättevikigt.

trädgård _____
soligt läge _____
nära till vatten _____
stor uteplats _____
kort avstånd till hemmet _____

C Jämför din lista med din partners. Fundera sedan tillsammans och diskutera: Vad tror ni att svenskarna tyckte var viktigast?*

För mig är det viktigt med … /att … det finns … Men … är inte så viktigt.
Jaha, för mig är inte … viktigt. Men … är viktigt.
Jag tror att svenskarna tycker att … är viktigast och att … är minst viktigt.
Jag tror att … är viktigt för många, men att … inte är så viktigt.

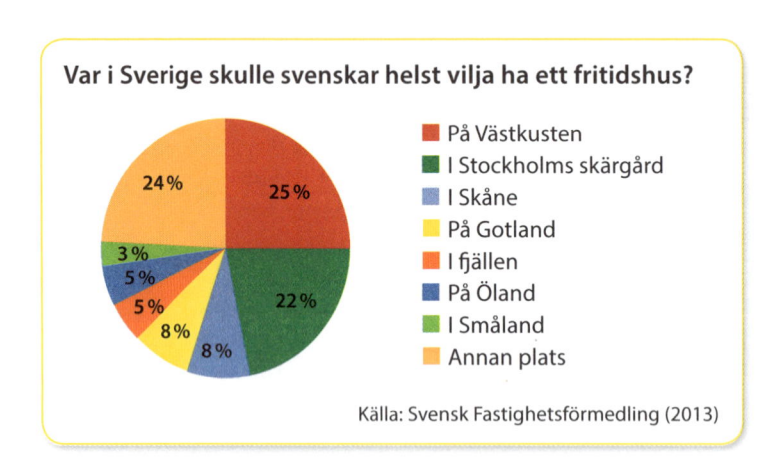

Var i Sverige skulle svenskar helst vilja ha ett fritidshus?

- På Västkusten 25 %
- I Stockholms skärgård 22 %
- I Skåne 8 %
- På Gotland 5 %
- I fjällen 5 %
- På Öland 3 %
- I Småland 8 %
- Annan plats 24 %

Källa: Svensk Fastighetsförmedling (2013)

*trädgård 17 %, soligt läge 39 %, nära till vatten 65 %, stor uteplats 18 %, kort avstånd från hemmet 1 %
Källa: Svensk Fastighetsförmedling (2013).

2 Sara och Brian på landet

En inbjudan

97))

Det är måndag kväll. Brian sitter och jobbar vid datorn och hans flickvän Sara talar med mamma Berit i telefon.

Berit: Vill ni inte komma ut till oss på landet? Vi har ju inte träffat Brian än.
Sara: *(ropar)* Brian! Mamma undrar om vi inte vill komma ut till dem på landet.
Brian: Jo, gärna! När ska vi komma?
Sara: Han undrar när vi ska komma.
Berit: Kan ni komma på fredag kväll? Då har vi hela helgen tillsammans.
Sara: *(ropar)* Hon undrar om vi kan komma på fredag kväll.
Brian: Nej, det passar inte så bra på fredag. Då har vi ju fest på jobbet. Kan vi komma på lördag i stället?
Sara: Han säger att fredag inte passar så bra. Han undrar om vi kan komma på lördag i stället.
Berit: Ja, ni är välkomna på lördag.
Brian: Ska vi ta med något?
Sara: Brian undrar om vi ska ta med något.
Berit: Ta gärna med lakan.
Sara: Det gör vi. Vi ses på lördag.

Vill ni inte komma ut till oss på landet?
Mamma undrar **om vi inte vill komma ut till dem på landet**.
Kan ni komma på fredag kväll?
Hon undrar **om vi kan komma på fredag kväll.**
När ska vi komma?
Han undrar **när vi ska komma.**
Fredag passar inte så bra.
Han säger **att fredag inte passar så bra**.

Indirekt tal

A Titta på exemplen i rutan här ovanför. Kan ni se ett system för indirekt tal? (Tips: Är det ett påstående eller en fråga? Om det är en fråga – är det en ja/nej-fråga eller en fråga med frågeord? Hur är ordföljden, v + s eller s + v?)

B Person A läser meningarna i direkt tal och person B ändrar dem till indirekt tal.
Byt roller efter mening 4:
Exempel:

Staffan: Är det tisdag idag?

– Staffan frågar/undrar om det är tisdag idag.

Gun: Kaffet var jättegott.

– Gun tycker/säger att kaffet var jättegott.

1 Annika: Talar Catrine italienska?
2 Gustav: Hur mår farmor idag?
3 Rune: Är vattnet kallt?
4 Frida: Vattnet är inte kallt.
5 Johan: Var bor de?
6 Elsa: Jag vet inte.
7 Åke: Det är inte så varmt ute.
8 Petra: Varför ringer han aldrig?

ÖB 14:1

C Lyssna på texten *På landet*. Titta inte i texten.

D Svara muntligt på frågorna.

1 Hur mår Brian?
2 Vad ser de från bilen?
3 Hur ofta går bilfärjan?
4 Hur är vädret?
5 Vad är det för färg på huset?
6 Vad gör Kurt-Allan när de kommer fram?

E Läs texten och kontrollera era svar.

> Ordet 'ju' använder
> vi när den andra personen vet,
> eller borde veta, vad vi menar.
> Eller när något är självklart.
> – Varför tar du paraply?
> – Det regnar ju.
> = Båda personerna vet
> att det regnar.

På landet

Brian och Sara tar bilen. Sara kör, för Brian är lite trött efter festen på jobbet igår. De tittar efter älgar på vägen och efter en halvtimme ser de faktiskt en stor älg precis vid vägen. Fantastiskt, tycker Brian!

De ska ta en bilfärja till ön. Färjan går bara två gånger i timmen, så de måste vänta en stund. Innan de tar färjan köper de glass i kiosken. Solen skiner, det blåser och måsarna skriker. Det är härligt i skärgården.

Färjan tar bara en kort stund och sedan är det bara en liten bit kvar. De tar till höger efter färjeläget och sedan till vänster in på en liten grusväg. Där, mellan träden, ser man ett rött hus som ligger precis vid vattnet. Havet glittrar. Sara parkerar och de kliver ur bilen. Saras pappa Kurt-Allan står och hugger ved.

Brian träffar Kurt-Allan och Berit

Kurt-Allan: Vad bra att du har kommit, Brian! Efter lunchen kan du hjälpa mig att hugga ved. Sedan ska vi måla dasset.
Brian: Förlåt, "dasset"? Vad är det?
Kurt-Allan: Du vet, vi har ju ingen toalett här. Det är det där huset där borta med ett hjärta på dörren.
Brian: Jag skulle gärna ta en dusch.
Sara: Haha, vi har ingen dusch heller. Vi brukar tvätta oss i havet.
Brian: Men det är ju bara 16 grader ute! Hur kallt är det i vattnet?
Sara: Vet inte, kanske 13 grader.
(*lite senare*)
Berit: Nu äter vi!
Kurt-Allan: Brian, jag vet inte om du har ätit det här förut. Det är sill.
Berit: Brian, kan du skicka mig nubben.
Brian: "Nubben", vad är det?
Berit: Vodkan, alltså.
Brian: Jaha! Här, varsågod.
Berit: Tack.
Kurt-Allan: Ska vi sjunga lite?

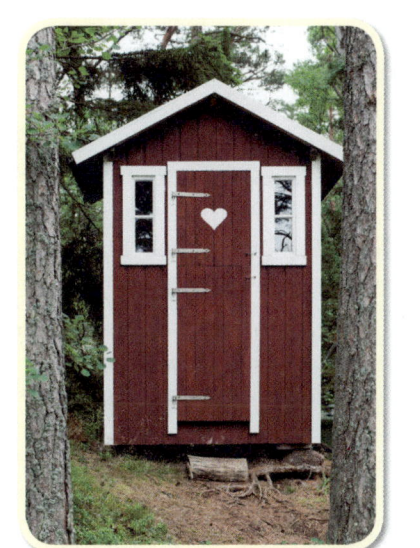

Helan går
Sjung hopp falle rallan lallan lej.
Helan går
Sjung hopp falle rallan lej
Och den som inte helan tar

Han heller inte halvan får
Helan går
(alla dricker)
sjung hopp falle rallan lej!

Alla: Skål!
Brian: Det är så roligt att vara här.
Berit: Och vi är så glada att du är här!
Kurt-Allan: Nu sjunger vi lite mer! Vi tar den där om nubben och snöret, va?

Tänk om jag hade lilla nubben på ett snöre i halsen.
Tänk om jag hade lilla nubben på ett snöre i halsen.
Jag skulle dra den upp och ner,
så att den kändes som många fler.
Tänk om jag hade lilla nubben på ett snöre i halsen.

Alla: Skål!

I Sverige sjunger man gärna snapsvisor när man dricker snaps. Snapsvisorna har ofta en ny, lite rolig text till en gammal melodi. Varje år arrangerar Spritmuseum Svenska mästerskapet (SM) i nya snapsvisor. Det har man gjort sedan 1995.

Dagen fortsätter

Efter lunchen hjälper Brian Kurt-Allan och Berit att hugga ved och måla dasset. Det är ganska jobbigt och Brian får lite ont i ryggen. Medan Brian arbetar, bakar Sara kanelbullar. Det luktar gott! Klockan tre blir det fika med kaffe och bullar. När de har fikat, går de ut i skogen för att plocka blåbär och kantareller. Berit vet ett ställe där det brukar finnas många kantareller. Hon har aldrig sagt till grannarna var det ligger, för hon vill inte att någon annan plockar svampen.

De hittar mycket blåbär men inga kantareller. Berit är lite sur. Kanske grannarna har hittat kantarellstället i alla fall?

Senare på eftermiddagen, när de är hemma igen, bakar Kurt-Allan en blåbärspaj. Till middag äter de älgstek och sedan blåbärspajen med vaniljsås. Älgen har Kurt-Allan skjutit med jaktkompisarna. De sitter ute och äter, trots att det är ganska kallt. Brian fryser och är jättetrött.

Brian: Jag är lite trött, så jag tror att jag ska gå och lägga mig.
Kurt-Allan: Nej, först ska vi alla bada bastu! Bastun är varm nu.

I bastun är alla nakna. Brian tycker att det är lite konstigt. Och efter en stund springer Berit och Kurt-Allan ut ur bastun och hoppar ner i det kalla vattnet. Jättekonstigt, tycker Brian. En lång dag på landet är slut. Hoppas det blir lugnare imorgon, tänker han.

> Där, mellan träden, ser man ett rött hus som ligger precis vid vattnet.
> Berit vet ett ställe där det brukar finnas många kantareller.
> Senare på eftermiddagen, när de är hemma igen, bakar Kurt-Allan en blåbärspaj.

Relativa bisatser

ÖB 14:2

> Innan de tar färjan köper de glass i kiosken.
> Medan Brian arbetar, bakar Sara kanelbullar.
> De sitter ute och äter, trots att det är ganska kallt.
> Man badar i havet, även om det är lite kallt i vattnet ibland.
> När de har fikat, går de ut i skogen för att plocka blåbär och kantareller.

Subjunktioner

ÖB 14:3

F Vad tror ni händer nästa dag? Fantisera tillsammans.

G Vi uttalar **h** i betonade ord och vi uttalar **h** i början av meningen. Lyssna på följande meningar. När uttalar man **h**? Ringa in. När uttalar man inte **h**? Kryssa över.

1 Vad bra att du har kommit!
2 Hur kallt är det i vattnet?
3 Efter en halvtimme ser de faktiskt en stor älg!
4 Jag vet inte om du har ätit sill förut.
5 Här, varsågod.
6 Hon har en hund.
7 Han heter Henrik.

3 På middag

A Diskutera. Vad betyder fraserna i rutan?

> Tack för ikväll!   Hur ska vi sitta?   Skål!   Åh vad gott det var!
> Ta för er!   Jag kör.   Vad vill ni dricka?   Det är bra för mig.
> Tack!   Välkomna!

B Välj fraser ur rutan och skriv dem där de passar in.

Petra: _____ Vad roligt! Kom in. Vilken fin klänning du har!

Mia: _____ Och vad fin *du* är!

Oskar: Vi tog med oss en flaska vin.

Ulf: Åh, franskt vin. Vad gott! Vill ni ha en drink före maten?

Oskar: Nej, tack. _____

Mia: Gärna för mig.

(*senare*)

Petra: Maten är klar. Varsågoda. Ulf, hur var det? _____

Ulf: Jag sitter här med Mia, och du med Oskar där.

Petra: _____

Mia: Tack. Det ser gott ut!

Petra: _____

Oskar: *Ett* glas vin kan jag ta, va?

Mia: Det går nog bra. Jag tar också gärna ett glas.

Oskar: Ulf, kan du skicka saltet, tack.

Ulf: Varsågod.

Oskar: Tack.

Mia: _____ Mmm. Jag måste få receptet.

Ulf: Ja, det är ett gammalt recept från min mormor.

Oskar: Mmm. Jättegott!

Ulf: Ta mer, om ni vill ha!

Mia: Ja, tack.

Oskar: Tack. _____

Petra: Vi har glömt att skåla. Skål och välkomna! Det var så roligt att ni kunde komma!

Alla: _____

(*senare*)

Oskar: Tack för maten! Det var så gott!

Mia: Ja, verkligen!

Petra: Ska vi dricka kaffet i vardagsrummet?

(*senare*)

Mia: Vi måste börja dra oss hemåt. _____

Oskar: Ja, tack för allt.

Ulf: Tack för att ni kom. Vi ses snart igen!

Alla: Hej då! Hej hej!

C Lyssna på dialogen i B och kontrollera att du har skrivit rätt. (102)

D Arbeta 2–3 personer. Skriv en egen middagsdialog.

E Läs upp för de andra.

Vilken fin klänning du har!
Vad fin du är!

Utrop:
Vilken/vilket/vilka + adjektiv + substantiv + subjekt + verb
Vad + adjektiv + subjekt + verb

F Ge varandra komplimanger.

Ge komplimang
Vilken snygg/fin/cool/härlig … (du har)!
Vilket snyggt/fint/coolt/härligt … (du har)!
Vilka snygga/fina/coola/härliga … (du har)!
Vad snygg/fin/cool … du är (idag)!

Svara på komplimang
(Tycker du?) Tack!
Vad roligt att du säger det!
Tack! Vad glad jag blir!

ÖB 14:4

4 Therese tipsar

Therese är expert på vett och etikett och skriver för tidningen *Mat och Kalas*. Hon har en egen kolumn där hon svarar på läsarnas frågor.

Fråga Therese

Hej Therese!

Jag har just kommit till Sverige och nu är jag bjuden på middag till min flickväns föräldrar. Alla är svenskar och jag är lite nervös. Kan du tipsa mig om vad jag måste tänka på?
Emilio

Hej Emilio!

Tack för din fråga. Det är inte så lätt att veta hur man ska göra när man är ny i ett land. Här kommer några tips.

När du är bjuden på middag måste du komma i tid. Men inte för tidigt. Man brukar inte gå in med ytterskorna på. Om det är en fin middag kan du ta med inneskor.

Det är trevligt att ta med någon liten present, till exempel en ask choklad eller en flaska vin. Eller blommor, men glöm inte att ta bort pappret på blommorna innan du ger dem till värdinnan. Under middagen kan du gärna säga "Vad gott det var!", även om maten inte var fantastisk. Några dagar efter middagen är det trevligt att ringa, mejla eller skicka sms och säga "Tack för senast!".

Jag hoppas att mina tips hjälper dig och att du får en trevlig kväll hos din flickväns föräldrar!

A Kan du fler etikettsregler i Sverige? Vilka?

B Vilka regler finns i ditt land?

C Berätta för de andra. Tänk på ordföljden.

5 Fester och annat

A Välj fester ur rutan och skriv dem vid rätt inbjudan. Några blir över.

> en 70-årsfest   en 50-årsfest   ett barnkalas   en klassfest
> en kickoff   ett bröllop   en inflyttningsfest   en knytis

**Dags för årets grillfest
– lördagen den 10 juni!**
Ta med något att lägga på grillen och det ni vill dricka. Vi fixar bröd och sallad!
Kläder efter väder!
Vi tänder grillarna klockan sju.
Mejla mig och skriv hur många ni blir.

Kram
Maggan

A _____

Årets brännbollsturnering!
3a spelar brännboll.
Barn mot föräldrar!
Vi ses på fotbollsplanen utanför skolan klockan 18.00 onsdagen den 20 maj.
Efter brännbollen har vi picknick tillsammans.
Om det regnar träffas vi i gymnastiksalen.

C _____

Lena & Bengt

*gifter sig.
Vigseln äger rum lördagen
den 5 maj klockan 16.00
i Storkyrkan.
Middag med dans på
festvåningen Cabaret.
Klädsel: kavaj*

O.S.A.
senast 5 april
Lena Petterson
0702-21 22 22
Önskelista finns på Presentshoppen

B _____

JAG ÄR HALVVÄGS TILL 100!
Ta på dansskorna och kom och fira mig på min stora dag!

VAR? Hemma hos oss på Tippvägen 35

NÄR? Lördagen den 12 oktober kl.19

HUR? Bufémiddag och sen dans hela natten lång!!

O.S.A. till mig 0707-354 64 74 eller mejl pelle@fest.nu

Valfri klädsel

Obs! Jag vill inte ha några presenter, ta med en flaska vin i stället.
Pelle

D _____

B Kombinera svaren med rätt inbjudan (A–D).

Tyvärr kan ingen av oss komma, eftersom Olles mormor ska ha 80-årskalas just den kvällen. Hoppas att ni får en toppendag med klassen!
Amanda (Olles mamma)

Kära Lena och Bengt!
Så roligt att ni ska gifta er! Vi kommer gärna. Vi måste nog ta med vår son också för han är nyfödd. Hoppas det går bra.
Bästa hälsningar
Johanna och Ulrik

1 _____   3 _____

Självklart kommer jag och firar dig på din stora dag! Det ska bli jättekul!
Kram Patrik

Åh, vad kul! Bettan och jag kommer såklart. Stort tack för att ni fixar festen varje år!!
/Mats

2 _____   4 _____

C Vilken fest vill ni gå på? Varför?

D När ska de vara på festen?/När ska de träffas? Kryssa för rätt alternativ.

1 ☐ 19:00   ☐ 19:30   ☐ 20:00

2 ☐ 13:00   ☐ 11:00   ☐ 12:00

3 ☐ 15:00   ☐ 16:00   ☐ 15:30

4 ☐ 18:00   ☐ 17:00   ☐ 16:00

5 ☐ 19:00   ☐ 20:00   ☐ 21:00

E Läs frågorna. Lyssna igen och svara på frågorna.

1. a Vilka ska de äta middag hos?
   b Vilken tid går bussen?

2. a Vilka bussar ska de ta?
   b Hur långt måste de gå?

3. a Varför kan de inte komma på lördag?
   b Vad gör Iris klockan två?
   c Vilken tid kan de komma på söndag?

4. a På vilken restaurang ska de äta middag?
   b Vad missar mannen den här veckan?

5. a Vad ska de ta med sig till grillen?
   b Var ska de handla?

ÖB 14:5–9

Skriv!

Skriv ett svar till Pelle Svensk och berätta vad man bör tänka på i ditt land.

Till: [ ]   Skicka: ✉

Hej!
Jag har just kommit till ... och nu är jag bjuden på middag till min flickväns föräldrar. Jag är lite nervös. Kan du tipsa mig om vad jag måste tänka på?

Pelle Svensk

När du är bjuden på middag måste du ...
Du bör inte ...
Det är viktigt att tänka på ...
Man behöver inte ...
Det kan vara trevligt att ...
Under middagen kan du ...

1 Medelsvensson

När någon är en "typisk svensk" och lever "ett typiskt svenskt liv" säger man ibland att han eller hon är en riktig medelsvensson. Om alla i en familj är medelsvensson kan man skämta och kalla dem familjen Medelsvensson.

A Vad tror ni om familjen Medelsvensson? Gissa vad det ska stå i luckorna i texten här nedanför.

Familjen Medelsvensson

Enligt Statistiska centralbyrån heter Medelsvensson egentligen _____ eller _____ i efternamn. Om medelsvensson är en kvinna heter hon Maria och hennes man heter Fredrik. Maria älskar sin man. Men ungefär hälften av alla gifta par skiljer sig. Fredrik och Maria bor med sina två barn (en pojke och en flicka) i en stad (inte på landet). Deras barn heter _____ och _____. Fredrik arbetar på _____ och hans fru jobbar i vården.

Familjen äter _____ kilo godis i veckan och lika mycket kakor och bullar. Föräldrarna dricker _____ liter vin, _____ liter starköl och _____ centiliter starksprit tillsammans per vecka. De dricker mindre mjölk än tidigare, _____ liter per person och år. Grädde konsumerar de _____ liter per person och år. Fredrik är lite tjock, men det är inte Maria. De motionerar minst _____ gång/gånger i veckan och de röker inte.

De har dator och internet hemma och barnen har egen teve och egen dator. Alla i familjen skickar _____ sms i veckan var. På fritiden läser Maria en bok och Fredrik _____. På vintern åker familjen skidor i fjällen.

Källa: scb.se & hui.se (2013)

B Lyssna på *Familjen Medelsvensson* och se om ni svarade rätt. (107)

C Skriv 4–6 frågor om familjen Medelsvensson. Ställ frågorna till paret bredvid. Byt roller.
Exempel:
– Vad heter kvinnan i familjen Medelsvensson?

Maria älskar **sin** man. **Hennes** man heter Fredrik. Fredrik och Maria bor med **sina** två barn i en stad (inte på landet). **Deras** barn heter Oscar och Julia.

Reflexiva possessiva pronomen: sin/sitt/sina

D Titta på exemplen här nedanför. Skriv *s* under subjekt och *o* under objekt.

1 a Olivia har en hund. Olivia älskar sin hund.
       s   o   s   o

b Olivias farmor har en katt. Olivia älskar hennes katt.

2 a Pelle och Uffe har ett fint hus. De gillar sitt hus.

b Pelles och Uffes kompisar har en fin lägenhet. Pelle och Uffe gillar deras lägenhet.

3 a Olof har många saker hemma. Han gillar sina saker.

b Olofs kompis Nils har också många saker hemma. Olof gillar hans saker.

E Titta på exemplen i övning D igen. När använder man *sin/sitt/sina* eller *hans/hennes/deras*? (Tips: Vad är subjekt i meningarna? Vad är objekt? Vems är objektet?)

F Titta på exemplen. Skriv *s* under subjekt och *o* under objekt.

1 Kattis älskar sin telefon. Hennes telefon är ny.

2 Kurt gillar sitt hus. Hans hus var ganska dyrt.

3 Kattis och Kurt bor med sina två katter. Kattis och Kurt och deras katter trivs i huset.

G Titta på exemplen i F igen. När kan man inte använda *sin/sitt/sina*? (Tips: Vad är subjekt och objekt i meningarna?)

H Arbeta 3–4 personer. Berätta om en typisk familj från ditt land. Vad heter de? Var bor de? Hur många är de? Vad äter och dricker de? Vad jobbar de med? Vad gör de på fritiden och semestern?

ÖB 15:1

2 Medelsvensson snackar

A Välj bland frågorna i rutan och skriv på raderna. Det finns en fråga för mycket.

Varför då?	Hur mycket då?	Hur många då?	Vad då?! Säg!
Hur länge då?	Hur då?	Vem då?	

1 – Vi ska mest vara på landet i sommar.
   – Vad härligt! _____
   – Jag tror det blir fyra veckor ungefär. Vecka 28 till 31.

2 – Vilken god kaka du har gjort! Har du receptet?
   – Ja, det är ganska många ägg i.
   – _____
   – Sex stycken. Och mycket socker.

3 – Vet du vad Svenssons betalade för sitt nya hus?!
   – Nej. _____

– 5 miljoner!

– Oj, det var dyrt …

4 – Det är något som jag måste berätta för dig.

– _____

– Jag har fått ett nytt jobb.

– Åh, vad kul! Grattis!

5 – Petra kan inte komma på festen.

– Vad synd! _____

– Hon var dubbelbokad, sa hon.

– Okej.

6 – Det var någon som sökte dig förut.

– _____

– Jag minns inte vad hon hette. Men hon ringde från Försäkringskassan.

– Jaha, det är om min föräldrapenning tror jag. Jag kan ringa sedan.

> När man använder ett frågeord utan verb säger man ofta *då* efteråt. Frågeordet + *då* är en fras och *då* är betonat. Frågeordet är ofta obetonat. Man kan använda bara ett frågeord, men det låter inte så trevligt.

B Lyssna på dialogerna i A och kontrollera dina svar. (108)

C Titta i tabellen. Hur skriver man lång konsonant?

Lång vokal	Lång konsonant	
fyra	hette	SPECIAL:
igår	komma	oj
tio	jobb	sex
förut	drack	vem
säkert	gjort	
öl	landet	
	receptet	
	festen	
	ringde	

D Lyssna på dialog 1–3 i A. Markera viktiga ord och långa ljud. Vilka ljud uttalar vi inte?

E Skriv en dialog med *frågeord + då*.

3 Några tankar om Sverige och svenskarna

A Diskutera påståendena 1–7. Skulle en typisk svensk hålla med eller inte, tror du?

1. Det är okej att sitta tyst tillsammans med en kompis eller familjemedlem.
2. Jag älskar att gå ensam i skogen.
3. Jag är inte intresserad av att prata om vädret.
4. Jag tycker om att prata med nya människor på tåg, bussar och på gatan.
5. På bussen sätter jag mig långt ifrån andra personer.
6. Jag tycker att det är fint med lampor i fönstret.
7. Jag vet vilket veckonummer det är just nu.

B Läs texterna. Jämför påståendena i A med svenskarna som Sukanya, Mario, Brendon och Kayla pratar om.

Sukanya från Thailand

En sak som jag har tänkt på är att det ofta är ganska tyst på många platser. Jag märker det när jag flyger från Bangkok till Stockholm. På Bangkoks flygplats hör man alltid mycket prat. Folk som jobbar där står och småpratar och skrattar. När man kommer till Arlanda pratar ingen. Det är så tyst.

Och svenskar kan sitta tysta tillsammans med vänner eller familjemedlemmar ibland. Det tycker jag är ganska skönt. Man måste inte prata hela tiden. Men när någon pratar med en här i Sverige, då får man inte sitta tyst. Då måste man säga "mmm", "jaha", "nähä" och nicka mycket. Det var svårt i början, men nu går det bättre.

Mario från Italien

Många italienare gillar att vara ute i naturen. Man vandrar i skogen eller klättrar i bergen. Man har ofta ett mål, till exempel att komma till en speciell restaurang i någon by, eller att klättra upp på en bergstopp. Men svenskar verkar vara nöjda med att bara vara i naturen. De behöver inget speciellt mål. En svensk kanske till exempel går ut ensam i skogen och sätter sig på en sten vid en sjö. Jag vill vara med kompisar eller familjen i naturen.

Det verkar som att svenskar ofta vill vara ensamma. Om man kommer till stranden i Italien och det inte är så mycket folk, tar man en plats nära andra människor. Men en svensk tar en plats en bit ifrån dem som redan är där.

Brendon från Kalifornien

Vi pratar inte så mycket om vädret i Kalifornien, för det är nästan samma hela tiden – varmt och soligt. I Sverige pratar alla om vädret hela tiden. Jag förstår att svenskarna är intresserade av vädret för här vet man inte hur det blir från dag till dag.

En annan sak som många pratar om här är ljuset och mörkret. På vintern längtar alla efter våren och sommaren och ljuset. Många suckar lite vid midsommar och säger: "Nu går vi mot mörkare tider." På hösten är det verkligen mörkt. Speciellt i november och december innan snön kommer. Då säger många: "Hoppas snön kommer snart. Då blir det lite ljusare." Och en del blir deppiga av mörkret. På sommaren är parkerna fulla av glada människor som grillar eller solar. Så är det inte på vintern.

Kayla från Sydafrika

Svenskar verkar gilla siffror, att planera och att vara exakta. Ofta använder man siffror för att beskriva saker här. Alla har personnummer som man behöver för nästan allt. Och man pratar ofta om siffror. Ett exempel: Jag kommer till en badplats på sommaren och frågar någon som badar om det är varmt i vattnet. Då kan de svara "22 grader" i stället för "ganska varmt" eller "skönt". Och om man beställer en drink i en bar måste man säga om man vill ha 4, 6 eller 8 centiliter! Och man pratar ofta om veckonummer i stället för datum. På jobbet kan de säga: "Jag ska ha semester vecka 28 till 30." Då vet många vilka datum det är. Jättekonstigt.

C Anteckna 2–3 saker från texterna på s. 160–161 som du tycker är intressant eller speciellt med Sverige. Jämför med några andra personer. Prata om hur det är i Sverige och i andra länder.

> När någon pratar med dig måste du…
> När man kommer till Arlanda pratar ingen.
> På vintern längtar alla efter våren och sommaren.
> Då vet många vilket datum det är.
> Och en del mår dåligt av mörkret …
> – Var det något du ville säga? – Nej, det var inget.
> – Okej.

Självständiga pronomen

D Säg rätt självständigt pronomen. Du kan använda samma ord flera gånger.

> något   ingen   alla   någon   inget   en del   många

1. – Hur var det på fotbollsträningen idag?
   – Det var … där. Alla var sjuka.
   – Vad synd.

2. – Hur var festen?
   – Inte så rolig. Ulla och Birgitta var inte där så jag kände …
   – Du kunde kanske prata med … ny?
   – Jo, men jag ville inte.

3. – Hur var lektionen?
   – Den var rolig. … i klassen var där. Men bara … hade gjort läxan för … var borta på lovet och hade inte tid att plugga.

4. – Jag är jättehungrig för jag åt … till lunch. Jag behöver äta … nu direkt!
   – Det finns fil i kylskåpet.

ÖB 15:2

4 Sveriges klimat

Vädret i Sverige är ganska varierat. Sommaren kan vara varm och solig eller kall och regnig, men ofta både och. På sommaren är dygnsmedeltemperaturen mellan 15 och 17 grader Celsius i hela Sverige (rekordet är 38 °C).

På hösten är det ofta regnigt, blåsigt och kallt, fast inte minusgrader. Men ibland är det soligt och ganska varmt också.

Vintern kan vara kall och snöig eller mild och regnig. I norra Sverige kan det vara mycket kallt på vintern (rekordet är -52,6°) men det är inte lika kallt i Sverige som i Sibirien eller Kanada. Det beror på Golfströmmen som kommer från Mexiko med varmt vatten till Skandinavien.

På våren är vädret ostadigt. Man brukar prata om "aprilväder". Det betyder att det är soligt och varmt en dag och snöar nästa dag.

När brukar årstiderna komma till olika städer i Sverige?

	Våren	Sommaren	Hösten	Vintern
Malmö	22 februari	8 maj	12 oktober	7 januari
Stockholm	16 mars	13 maj	29 september	6 december
Kiruna	1 maj	18 juni	16 augusti	10 oktober

Källa: smhi.se (2014)

(Meteorologiska årstider: sommar = dygnsmedeltemperatur över 10 °C; vinter = dygnsmedeltemperatur under 0 °C; vår och höst = dygnsmedeltemperatur 0 °C–10 °C)

När går solen upp och ner?

	21 juni		21 december	
	Upp	Ned	Upp	Ned
Malmö	04:24	21:56	08:35	15:38
Stockholm	03:31	22:08	08:43	14:49
Kiruna	-	-	-	-

Källa: stjarnhimlen.se (2014)

A Diskutera.

- Hur många årstider finns det i andra länder?
- Hur är årstiderna i andra länder?
- När går solen upp och ner?
- Vilka årstider gillar ni bäst i Sverige eller i andra länder?

I svenskan finns många ordspråk om väder, till exempel:
"Det finns inget dåligt väder, bara dåliga kläder."
"Dåligt väder ser alltid värre ut genom ett fönster."

Kurt-Allan och Bertil pratar om kläder

B Kurt-Allan och Bertil pratar om vilka kläder man ska ha när det är kallt. Vilka påståenden tror ni är korrekta? Kryssa för.

1. ☐ Bertil: Man ska ha bomull närmast kroppen.
   ☐ Kurt-Allan: Man ska ha ull närmast kroppen.

2. ☐ Bertil: Man ska ha tre lager tunnare kläder. Då kan man ta av ett lager om man blir för varm.
   ☐ Kurt-Allan: Det räcker med en tjock, jättevarm jacka.

3. ☐ Bertil: Man ska dricka varm dryck om man fryser.
   ☐ Kurt-Allan: Man ska dricka kall dryck om man fryser.

4. ☐ Bertil: Om det är kallt ska man äta något med mycket fibrer.
   ☐ Kurt-Allan: Om det är kallt ska man äta något med mycket fett.

5 ☐ Bertil: Man ska springa så att man blir varm och svettig när man fryser.
☐ Kurt-Allan: Det är inte bra att bli svettig när det är kallt. Men man ska inte stå stilla så att man blir kall heller.

6 ☐ Bertil: Det är viktigt att fötterna, händerna och huvudet är varma.
☐ Kurt-Allan: Det är viktigt att mage och rumpa är varma.

C Titta i faktarutan *Vem har rätt?* och se om ni hade rätt.

Vem har rätt?
När det är kallt är det bra ha "lager-på-lager", alltså flera lager av tunna kläder. Närmast kroppen ska man ha en tunn tröja och långkalsonger, helst av ull. Det är bäst att ha ull närmast kroppen för det värmer också när man är svettig. Bomull blir kallt när man är svettig. Sedan kan man ha en tröja eller tunn jacka. Och sist något som skyddar mot vind och vatten.

Om man är ute i mycket kallt väder ska man dricka varm dryck. Kall dryck gör att man fryser mer. Det är också bra att äta något med mycket fett. Kroppen behöver energi när det är kallt ute.

Det är inte bra att bli svettig när det är kallt ute. Man ska röra på sig när man fryser, men inte så mycket att man svettas. Det är jätteviktigt att huvud, fötter och händer är varma och torra. Om man inte är varm där blir hela kroppen kall. Så det är bra att ha en varm mössa, tjocka vantar och skor som är så stora att man kan ha tjocka strumpor på fötterna.

ÖB: 15:3–8

Skriv!

Skriv om en typisk familj i ditt land.

- Vad heter de?
- Var bor de?
- Hur många barn har de?
- Vad jobbar de med?
- Vad äter de?
- Vad gör de på fritiden?
- Vad gör de på semestern?

16

1 Skola och utbildning

A Läs meningarna i B och kontrollera att du förstår alla ord.

B Håller du med eller inte? Skriv *ja* eller *nej* efter varje mening.

1 Det är lagom att barn börjar skolan när de är 7 år. _____
2 Barn ska ha betyg från första klass. _____
3 Det viktigaste är att eleverna trivs i skolan. _____
4 Lärarna ska vara stränga så att eleverna har respekt för dem. _____
5 Man går bara i skolan för att lära sig olika ämnen. _____
6 Man kan lära sig mycket utan att göra en massa läxor. _____
7 Lärarna kan motivera sina elever genom att ge dem många prov. _____
8 Det är bra att ta paus från studierna innan man börjar på universitetet. _____

C Berätta för varandra vad ni tycker och varför.

Säga vad man tycker

Jag håller (inte) med om att … eftersom …
Jag tycker också att …
Jag tycker inte att det är speciellt bra att …
Jag tror att det är mycket bättre att …

Svara på vad någon annan tycker

Det tycker jag också./Jag håller med./Absolut!
Jaha, tycker du? Jag tycker att …
Ja, det kan stämma, men …
Det håller jag inte riktigt med om.

Man går inte bara i skolan **för att** lära sig olika ämnen.
Man kan lära sig mycket **utan att** göra en massa läxor.
Lärarna kan motivera sina elever **genom att** ge dem många prov.

Subjunktioner

D Efter *för att*, *utan att* och *genom att* kommer ofta infinitiv, men inte alltid. Titta på exemplen här nedanför. När har man *inte* infinitiv efter?
(Tips: titta på subjekten i satserna.)

1 a Adam repeterar mycket för att klara provet.
   b Peter hittade informationen genom att söka på nätet.
   c Jill svarade utan att tänka.

2 a Läraren repeterar mycket med eleverna för att de ska klara provet.
   b Eleverna kan hitta informationen lättare genom att läraren har samlat olika länkar.
   c Läraren ställde många frågor utan att någon svarade.

ÖB 16:1

E Kombinera ord och fraser. Dra streck.

1	ett lov	a	en del av året när man studerar
2	en termin	b	en lektion på universitetet
3	en föreläsning	c	en lektion på universitetet med diskussion mellan studenter och lärare
4	en rast		
5	ett seminarium	d	klass 1–9 i skolan
6	grundskolan	e	en paus i skolan eller på universitetet
7	gymnasiet	f	till exempel fysik, historia eller samhällskunskap
8	ett universitet/en högskola	g	ett gymnasium för vuxna
9	komvux	h	klass 10–12 i skolan
10	betyg	i	lärarens bedömning av elever och studenter (A–F)
11	ett ämne	j	ledigt från skola eller universitet
		k	skolan efter grundskolan och gymnasiet

Det svenska utbildningssystemet

I Sverige är det obligatoriskt att gå i grundskolan, det vill säga år 1–9 i skolan. Man börjar skolan när man är sex eller sju år. De flesta barn går i förskola (dagis) och sedan ett år i förskoleklass.

Det finns kommunala skolor och friskolor. Båda är gratis för alla. I skolan har man två terminer: höst- och vårterminen. Man har jullov och sommarlov men också sportlov, påsklov och höstlov. Varje termin får man betyg, men inte från första klass. Betygen går från A till F, där F är icke godkänt. I nionde klass väljer man program till gymnasiet. Om man vill gå en populär gymnasieskola behöver man ofta ha höga betyg i nionde klass för att komma in.

På gymnasiet går man tre år. På olika program läser man lite olika ämnen, men alla läser bland annat svenska, engelska, matematik och historia. Det finns praktiska program som till exempel fordonsprogrammet och teoretiska program som naturvetenskapsprogrammet.

Den som inte går gymnasiet som ung kan göra det som vuxen. Då heter det komvux.

Många väljer att göra något annat innan de börjar på universitetet. Det är inte ovanligt att man är 25 år eller äldre när man börjar på universitetet. Av de studenter som började läsa på universitetet eller högskolan år 2012 kom bara cirka en tredjedel direkt från gymnasiet.

För några utbildningar måste man ha mycket höga betyg från gymnasiet, till exempel om man vill bli läkare, psykolog, jurist eller arkitekt. Universitetet är gratis så att alla kan studera, men böcker, mat och hyra kostar ganska mycket. De flesta finansierar sina studier genom att ta studielån, pengar som staten lånar ut. Efter examen kan man söka till forskarutbildning för att ta doktorsexamen.

Källa: Skolverket, SCB, Ekonomifakta (2013)

I Sverige hade 35 procent av befolkning mellan 25 och 64 år minst högskole- eller universitetsutbildning år 2011. Högst andel med högskoleutbildning bland OECD-länderna (de flesta industriländerna i världen) hade Kanada (51 procent). Efter Kanada kom Japan och Israel (46 procent) och Sverige kom på fjärde plats.

Källa: OECD Education at a Glance (2013)

F Skriv 5–6 frågor till texten *Det svenska utbildningssystemet*.

G Fråga paret bredvid. De svarar men tittar inte i texten.

H Byt roller.

I Hur ser utbildningssystemet ut i ditt land? Berätta för varandra. Använd gärna orden i rutan här nedanför.

förskola	grundskola	gymnasium	statliga/privata skolor
terminer	lov	betyg	gratis/kostar pengar
utbildningar	ämnen		

2 Utbildning och jobb

Olika vägar till ett bra jobb

Studenttidningen Campus intervjuar några personer om deras skolgång, utbildning och jobb.

Tyckte du om att börja skolan?
– När jag började skolan kunde jag redan läsa och räkna, så ibland var det lite tråkigt. Jag var en riktig plugghäst som alltid ville lära mig nya saker. Då, när jag gick i skolan, tyckte jag att mina lärare mest fokuserade på de elever som inte var så duktiga. Jag och några andra pluggisar fick ofta sitta själva med extraövningar. Det var inte så roligt.

Var du så duktig i hela grundskolan?
– Nja, i slutet av nian var jag faktiskt lite trött på skolan och skolkade några gånger. Om det var fint väder gick jag och några kompisar och solade i stället för att gå till skolan. Det var kanske inte så bra. Men det är väl typiskt för tonåringar, att man vill vara lite tuff och göra saker som man inte får göra.

Hade du några favoritämnen?
– Absolut. Mina favoritämnen var matte, fysik, svenska, engelska och biologi. Idrott gillade jag också. Samhällskunskap tyckte jag var lite småtråkigt.

Hur var dina år på gymnasiet?
– Trots att jag skolkade lite i nian fick jag bra betyg så jag kom in på det gymnasiet som jag ville gå på. Jag gick naturvetenskapliga programmet. Alla studerade mycket och jag trivdes jättebra. Och vi hade duktiga lärare i nästan alla ämnen. Vår mattelärare var bäst av alla! Han älskade matematik och förklarade matematiska problem så bra. Men det fanns en lärare som jag inte tyckte om, vår historielärare. Hon var väldigt sträng. Jag var faktiskt lite rädd för henne.

> "Jag var en riktig plugghäst!"

Vad gjorde du efter gymnasiet?
– Jag ville ut och resa och se världen, så jag jobbade hårt hela sommaren efter studenten. Jag jobbade i kassan i en mataffär och ibland jobbade jag extra i garderoben på en teater. Sedan reste jag och en kompis runt i Sydamerika i ett halvår. Det var jättespännande! När jag kom hem var jag sugen på att börja plugga igen. Jag sökte och kom in på teknisk fysik på Chalmers tekniska högskola som ligger i Göteborg. Det var tufft men roligt! Vi studerade mycket men hade också många fester. När jag var färdig med min masterexamen började jag forska om nanoteknik här på Chalmers. Det är fantastiskt!

Sofia 26 år, forskare på Chalmers.

Tyckte du om skolan?

– I början tyckte jag att det var kul, precis som de flesta barn. Men sedan, när jag var tonåring, blev jag väldigt skoltrött. Jag tyckte att det mesta i skolan var tråkigt och ville bara spela gitarr och hänga med kompisar. Jag gick ut nian i alla fall och kom in på gymnasiet, men det gick inte så bra så jag hoppade av.

Richard 34 år, advokat på Bielke & Partners

Vad gjorde du då?

– Jag sökte jobb, men det är inte så lätt när man är 16 år. Till slut fick jag jobb på en bilverkstad där jag stannade ganska länge. Sedan gjorde jag andra saker också. En sommar var jag till exempel i Berlin och spelade gitarr och sjöng på gatorna. Det var kul!

"Man lär sig något av allt man gör"

är jag färdig advokat och jobbar på en stor advokatbyrå. Det trodde aldrig min mamma för 15 år sedan när jag jobbade på en bilverkstad!

Men nu är du advokat. Hur kom det sig?

– Jag kände att jag ville göra något nytt med mitt liv så jag började på komvux och läste in hela gymnasiet. Det var faktiskt roligt att plugga igen och jag fick högsta betyg i alla ämnen.

När jag var färdig med komvux sökte jag till juristprogrammet. Jag kom in! Nu

Tycker du att du gjorde rätt som hoppade av skolan?

– Ja, faktiskt. Jag kunde inte göra på något annat sätt då eftersom jag var så trött på skolan. Och det är viktigt att pröva olika jobb. Man lär sig något av allt man gör! Men det är bra att man kan få en andra chans om man inte var så duktig i skolan.

A Intervjua varandra om skoltid, utbildning och arbete.
Fråga:

- Vad tyckte du om skolan?
- Var du en plugghäst?
- Vilka var dina favoritämnen?
- Fanns det några ämnen som du tyckte var svåra?
- Hade du någon favoritlärare? Varför tyckte du om honom eller henne?
- Fanns det någon lärare som du inte tyckte om?
- Vad gjorde du efter skolan?

B Stryk under nya ord och fraser som du vill lära dig i *Olika vägar till ett bra jobb*. Skriv egna exempel med dem.

C Person A läser om Sofia och person B läser om Richard igen. Skriv stödord.
Exempel:

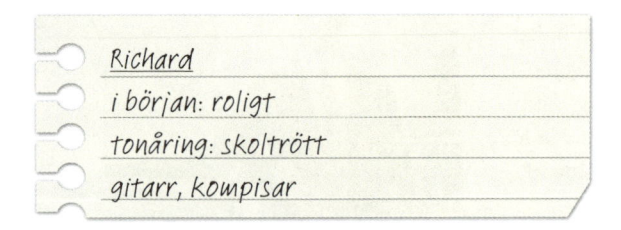

```
Richard
i början: roligt
tonåring: skoltrött
gitarr, kompisar
```

D Öva på att berätta om personen.

– Richard tyckte att det var roligt att gå i skolan i början, men han blev skoltrött när han var tonåring. Då ...

E Berätta för varandra om Sofia och Richard.

Exempel på ämnen i skolan:

svenska	matematik (matte)	kemi
engelska och andra språk	naturkunskap	bild
samhällskunskap	biologi	idrott
religionskunskap	fysik	psykologi
historia	filosofi	slöjd

Det fanns en lärare som jag inte tyckte om.
Jag var en riktig plugghäst som alltid ville lära mig nya saker.

Relativa bisatser med satsadverb

F Stryk under alla relativa bisatser i intervjuerna med Sofia och Richard.

ÖB: 16:2

G I meningar med partikelverb är partikeln betonad. Verbet är inte betonat. Lyssna på meningarna här nedanför. Vilka av dem innehåller partikelverb?

1 Jag gick i nian.
2 Jag gick ut nian.
3 Erik kom inte till universitetet igår.
4 Erik kom inte in på universitetet.

H Ringa in verbpartiklarna i meningarna här nedanför. Markera lång vokal eller lång konsonant. Uttala.

1. Kajsa hoppade av skolan när hon var 17 år.
2. Sofia kom in på teknisk fysik.
3. Det fanns en lärare som jag inte tyckte om.
4. Staten lånar ut pengar till dem som läser på universitetet.
5. Måns gick ut skolan med bra betyg.

I Lyssna. Var är de? Välj ur rutan och skriv efter rätt dialog.

gymnasium   förskola   universitet   grundskola

Dialog 1 _____   Dialog 3 _____
Dialog 2 _____   Dialog 4 _____

J Lyssna igen och skriv R (rätt) eller F (fel). Om det är fel, skriv det rätta svaret.

1. a De ska ha lektioner på morgonen.

   b Daiva har läst boken.

2. a De har prov i svenska på fredag.

   b De ska läsa samma program på gymnasiet.

3. a De pratar om universitetet.

   b De går i trean på gymnasiet.

4. a William trivs.

   b Läraren är IT-expert.

3 Framtiden

Några utländska studenter i Sverige pratar om framtiden. Juris från Lettland studerar ekonomi i Daugavpils. Hans från Nederländerna studerar till byggnadsingenjör i Amsterdam. Daiva från Litauen studerar svenska och tyska på universitetet i Vilnius. Wei från Kina studerar kemi på Stockholms universitet.

Wei: Du Daiva, vad ska du göra efter ditt år här i Sverige?

Daiva: Jag ska fortsätta studera svenska i Vilnius. Jag är färdig med min examen om två år. Då ska jag söka jobb som översättare. Det kommer kanske att bli svårt att hitta fast jobb, men man kan alltid frilansa. Du då?

Wei: Jag ska stanna här i Sverige. Jag vill forska så jag ska söka till forskarutbildningen på Karolinska Institutet. Du då, Juris?

Juris: Jag åker tillbaka till Lettland nästa vecka. Sedan börjar universitetet igen i september. Nästa år tar jag examen. Då ska jag söka jobb som börsmäklare i London. Det kommer att bli tufft men roligt, tror jag. Jag har alltid drömt om att bo och jobba i London!

Hans: Jag ska stanna i Sverige i två år. Först ska jag studera på KTH ett år. Sedan ska jag göra min praktik här, på ett svenskt byggföretag. Jag kommer att jobba med svenskar så det blir bara svenska på jobbet, tror jag.

Jag ska fortsätta studera svenska i Vilnius.
Jag är färdig med min examen om två år.
Det kommer kanske att bli svårt att hitta fast jobb.

Verb: Presens futurum

A Stryk under alla uttryck för framtid i texten *Framtiden*.

B Kombinera framtidsuttryck med rätt förklaring. Dra streck.

1 ska + infinitiv
2 presens
3 kommer att + infinitiv

a naturlig process, subjektet bestämmer eller planerar inte
b subjektet bestämmer, vill eller planerar
c framtid med tidsuttryck, t ex *imorgon* eller *nästa år*

C Säg *ska* eller *kommer att*? Diskutera varför.

   1 Vi har prov imorgon. Jag har pluggat jättemycket och kan allt, så det

      … gå bra, tror jag.

   2 Vi … bila till Grekland nästa sommar. Det … ta en vecka ungefär.

   3 Vanja … utbilda sig till tandkirurg. Det … bli mycket plugg.   ÖB 16:3

> Jag är färdig med min examen om två år. **Då** ska jag söka jobb som översättare.
> **Först** ska jag studera på KTH ett år. **Sedan** ska jag göra min praktik här.

Tid

D Vad ska du göra efter kursen? Berätta för din partner.

   – Först måste jag… Sedan ska jag… Efter det ska jag…   ÖB 16:4–9

Skriv!

Skriv en text om din skoltid och din utbildning. Skriv också om dina framtidsplaner.

Jag gick i grundskolan i … år och sedan …
Som elev var jag …
Mina favoritämnen var … men jag tyckte inte så mycket om …
Mina lärare var …
Efter skolan …
Jag utbildade mig till …
I framtiden vill jag …

17

1 Boende

A Här är ord från texten *Hur ska man bo?*. Kombinera fraserna och dra streck.

1	De flesta har *en bostad*	a	bor man strax utanför stan.
2	Om man bor i *en förort*	b	hyr man sin lägenhet.
3	Om man har *en bostadsrätt*	c	bor man hos sina föräldrar.
4	Om man bor i *en hyreslägenhet*	d	där de bor, oftast en lägenhet eller en villa.
5	I *en tvättstuga*	e	har man köpt sin lägenhet.
6	Om man har *en öppen spis*	f	behöver man inte renovera den.
7	På sin *tomt*	h	bor man tillsammans utan att vara gift.
8	När man *pendlar*	i	finns det tvättmaskiner och annat.
9	Om en bostad är *i bra skick*	j	kan man elda inomhus.
10	Om man är *sambo*	l	har man en relation utan att bo ihop.
11	Om man är *mambo*	m	kan man grilla och spela fotboll.
12	Om man är *särbo*	p	åker man tåg eller buss till exempel mellan jobbet och hemmet.

Hur ska man bo?

Det är inte alltid lätt att välja hur man ska bo. Ska man bo i en lägenhet eller i en villa, på landet, i en småstad, i en storstad eller i en förort? Man kanske måste pendla till jobbet om man bor utanför stan.

Om man vill bo i lägenhet, finns det olika alternativ. Man kan köpa en bostadsrätt, eller man kan hyra en hyreslägenhet. Om man inte har ett eget hyreskontrakt kan man hyra en lägenhet i andra hand. Det finns regler för hur mycket man ska betala när man hyr i andra hand. När man har en bostadsrätt betalar man också en typ av hyra, som kallas månadsavgift.

Lägenheter kan se mycket olika ut. De kan vara i bra skick, nyrenoverade eller renoveringsobjekt. En del har balkong och vissa har uteplats. Gamla lägenheter har ibland kakelugn eller öppen spis. Vanligtvis har köket plats för fyra personer att sitta och äta, men ibland har man bara en kokvrå, där man kan laga mat. De flesta lägenheter har toalett i badrummet men vissa har separat wc. Till lägenheten hör också förråd i källaren eller på vinden. Nästan alla hus har en gemensam tvättstuga i källaren, där alla i huset tvättar.

Hur stor lägenhet ska man ha, en etta, tvåa, trea, eller kanske en åtta? I Sverige räknar man alla rum utom köket och badrummet. Nästan alla vet exakt hur många kvadratmeter deras bostad är.

Som student kan man bo i ett studentrum. Då brukar man dela kök, dusch och toalett med de andra studenterna som bor i samma korridor.

Om man vill bo i hus kan man till exempel välja mellan villa, radhus och parhus. Och husen kan ha en stor eller liten tomt. Eller man kan bo på vattnet, i en husbåt. Sedan kan man bo ensam eller vara sambo, särbo eller mambo.

B Fråga varandra.

- Vilka olika typer av bostäder finns det?
- Vad finns ibland i gamla lägenheter?
- Var brukar tvättstugan ligga?
- Hur är det att bo i studentrum?

I Stockholms län är 29 procent av alla 20–27-åringar mambo. Nästan 9 av 10 av dem skulle flytta hemifrån om de hade råd. Sverige är det land i Europa som har flest singelhushåll (46 %) och i Stockholm är nästan 6 av 10 hushåll singelhushåll. Sverige har också snabbast urbanisering i Europa. Många flyttar från landet och småstäder till storstadsregionerna. Därför är det ofta svårt att hitta boende i de större städerna.

Källa: Hyresgästföreningen (2013); aftonbladet.se, (2010); Eurostat (2013).

C Berätta för varandra hur ni bor nu eller hur ni bodde förut.

Typ av bostad	Storlek	Var	Hur
villa	X m²	på landet	sambo
parhus	etta	i stan	själv
radhus	tvåa	i närförort	särbo
studentrum	trea	i förort	mambo
hyreslägenhet	o.s.v.	på pendlingsavstånd	i kollektiv
bostadsrätt			inneboende
andrahandslägenhet			
husbåt			

Äntligen hemma

Rolf och Annika har flyttat hem till Sverige igen efter femton år utomlands. De bor i Rolfs mammas sommarstuga just nu så de behöver något eget. Ska de köpa hus eller lägenhet? Rolf vill gärna ha en trädgård, men Annika vill hellre bo i stan där hon jobbar – hon gillar inte att pendla. De sitter och kollar på en sajt med bostadsannonser.

Rolf: Titta på det här huset, 114 kvadratmeter, tre sovrum, nyrenoverat kök och stor trädgård. Det blir perfekt för barnbarnen. Huset ser fint ut, eller hur?
Annika: Hmm. Vad kostar det?
Rolf: Det står 4,8 miljoner eller högstbjudande.
Annika: Det låter dyrt.
Rolf: Kanske, men det är billigare än lägenheten vi tittade på igår.
Annika: Ja, det är sant. Men den var ju större. Och du vet att det är dyrare att bo i villa än i lägenhet. Man måste betala en massa saker varje månad, uppvärmning och sophämtning till exempel.
Rolf: Men månadsavgiften var så jättehög på lägenheten. Jag tror att den blir lika dyr som villan.
Annika: Mmm, vi kanske kan titta på en mindre lägenhet.

Något för den händige

Thomas och Ulrika är trötta på det stressiga livet i storstan. De vill flytta ut på landet och leva ett lugnare liv med sina barn. Nu sitter de och läser annonser.

Ulrika: Titta här, en gård femton mil norr om Uppsala. Den ser jättefin ut. 220 kvadrat och bara 2,5 miljoner.

Thomas: Det låter billigt. Vad står det mer?
Ulrika: Det står att det är "en renoveringschans"…
Thomas: Nja, jag tror att det är bättre för oss att köpa ett nytt hus. Du vet hur opraktiska vi är. Och vi kanske kan hitta ett hus som ligger lite närmare stan.

Mambo

Axel är 23 år och bor fortfarande hemma hos sina föräldrar i Örebro. Axel är mambo. Axel tycker att det är ganska skönt att bo hemma. Hans föräldrar lagar mat, städar och tvättar. Dessutom är det billigt. Han behöver inte betala något hemma.

I höst ska Axel börja studera juridik på universitetet i Lund, så nu måste han hitta en bostad där. Han funderar på om han ska söka ett studentrum eller försöka hitta en stor villa att hyra i andra hand tillsammans med kompisar. Vad är bäst? Det är roligare att bo i kollektiv än att bo ensam, men ibland kanske det är lugnare att ha något eget. Vilket alternativ är billigast? Det måste han kolla upp.

Positiv	Komparativ	Superlativ
gärna	hellre	helst
nära	närmare	närmast

Adverb: komparation

D Stryk under alla adjektiv och adverb i komparativ i texterna *Äntligen hemma*, *Något för den händige* och *Mambo*. Skriv dem i positiv och superlativ också.
Exempel:

billig   billigare   billigast
gärna   hellre   helst

Det är rolig**are** att bo i kollektiv **än** att bo ensam …
Jag tror att lägenheten blir **lika** dyr **som** villan.
Vilket alternativ är billig**ast**?

~~Vilket alternativ är billigare?~~

Jämförelser

E Skriv meningar som jämför.
Exempel:

Lägenhet: 105 kvm
Villa: 105 kvm

> *Lägenheten är lika stor som villan. Lägenheten och villan är lika stora.*

1. Lägenhet: fin
   Villa: fin

2. Lägenhet: 1,5 miljoner
   Villa: 3,7 miljoner

3. Att bo i hyreslägenhet: 6 000 kronor i månaden
   Att bo i bostadsrätt: 11 000 kronor i månaden

F Gör 3 egna exempel där ni jämför olika saker. Läs upp för klassen.

G Skriv frågor som jämför två klasskamrater och fråga varandra.
Exempel:

– Vem är längst, Irina eller Sofi?
– Vem pratar mest, Eric eller Sebastian?

ÖB 17:1

H Gå runt i klassrummet och fråga alla hur de bor. Du får bara ställa ja/nej-frågor, t.ex. – Är du sambo? Ropa "bingo" när du har tre i rad. Hitta någon som …

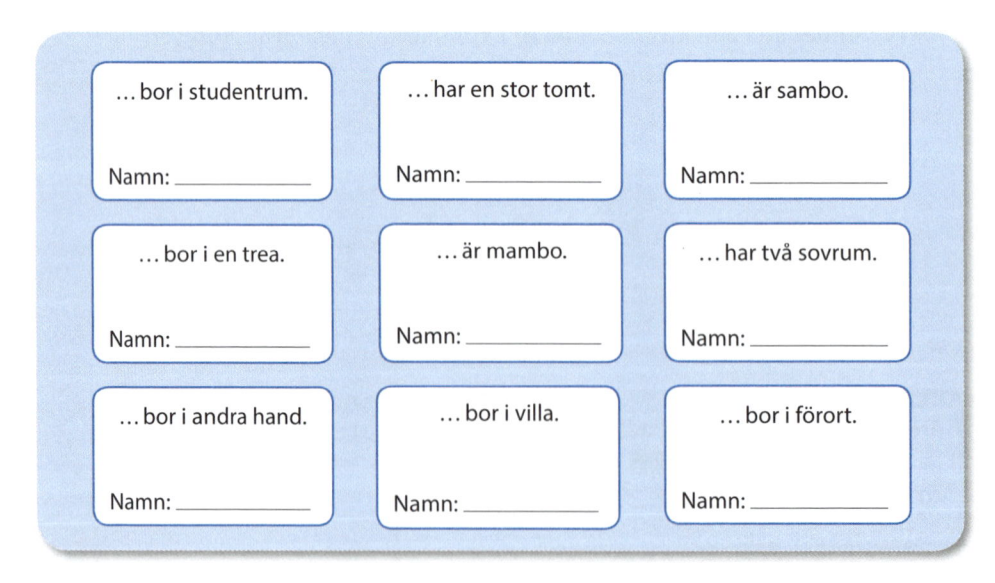

… bor i studentrum. Namn: _____	… har en stor tomt. Namn: _____	… är sambo. Namn: _____
… bor i en trea. Namn: _____	… är mambo. Namn: _____	… har två sovrum. Namn: _____
… bor i andra hand. Namn: _____	… bor i villa. Namn: _____	… bor i förort. Namn: _____

2 Att bo i stan eller på landet?

A Vilket är bäst, att bo i stan eller på landet? Arbeta tillsammans med paret bredvid. Ett par skriver en lista med fördelar med att bo i stan och nackdelar med att bo på landet. Det andra paret skriver en lista med fördelar med att bo på landet och nackdelar med att bo i stan.
Exempel:

```
I STAN                           PÅ LANDET
Fördelar                         Nackdelar
+ man bor nära restauranger,     – det är mycket arbete med villa
teatrar o.s.v.                   och trädgård t.ex. reparationer och
                                 gräsklippning
```

B Diskutera med paret bredvid om man ska bo i stan eller på landet. Ett par tycker att det är bättre att bo i stan, det andra paret tycker att det är bättre att bo på landet.

Argumentera för
Jag/vi tycker att det är bättre att … därför att …

Argumentera emot
Ja, kanske, men …
Ja, det är sant, men …
Ja, det har du rätt i, men …
Nja, jag/vi håller inte riktigt med …

C Välj ett av ämnena här nedanför och förbered en diskussion på samma sätt som i A–B.

- Vara mambo eller flytta hemifrån tidigt?
- Bo i studentrum eller dela lägenhet med andra?
- Köpa ett renoveringsobjekt eller ett nytt hus/en ny lägenhet?
- Att bo i villa eller i lägenhet?
- Att hyra eller köpa bostad?

D Läs igenom påståendena. Lyssna sedan och skriv R (rätt) eller F (fel).

1 Roine och hans sambo har en hyreslägenhet. ____
2 De bor i en fyra. ____
3 Roine och hans sambo har inte barn. ____
4 Lena och hennes man ska bygga en swimmingpool i år. ____
5 Lena älskar trädgårdsarbete. ____
6 Olle studerar på universitetet. ____
7 Han vill bo hos sina föräldrar. ____
8 Pernilla flyttar ofta. ____
9 Cecilia och hennes sambo bor på landet. ____
10 Det är dyrare att köpa husbåt än villa. ____

3 Lägenhetsvisning

Rolf och Annika är på väg till en lägenhetsvisning. De har sett en annons som ser intressant ut.

Mäklaren står i dörren och hälsar välkommen och delar ut prospekt till alla som kommer. Hon ser sympatisk ut. Annika ställer några frågor om lägenheten och föreningen. Mäklaren berättar att föreningen har bra ekonomi. Det låter bra. Annika bläddrar i prospektet.

Säljarna har städat jättemycket för att lägenheten ska se fin ut. Det hänger en kristallkrona i hallen. Det sitter några svartvita fotografier på väggen i vardagsrummet. Det ligger en färgglad filt och massor av kuddar i soffan och bakom soffan står det en dyr designlampa. Allt ser perfekt ut. "Så här fint blir det inte om vi flyttar in här", tänker Rolf. Köket är nytt och fräscht, men Rolf och Annika gillar det inte. En fördel är att lägenheten ligger fem minuter från Rolfs jobb.

Storgatan 36, 4 tr
Vacker och välplanerad lägenhet, fyra rum & kök med fin utsikt. Nyrenoverat kök och badrum, vackra trägolv och balkong. Hiss och källarförråd finns. Lugn gata, nyrenoverad fastighet med mysig innergård.

Byggår: 1909
Bostadstyp: Bostadsrättslägenhet
Boarea: 93 m²
Antal rum: 4 rum
Avgift/månad: 2 782 kr/mån
Acceptpris: 4 490 000 kr

Det är mycket folk på visningen. Den här lägenheten verkar populär. När de ska gå frågar mäklaren om Annika och Rolf är intresserade av lägenheten och om de vill lägga ett bud. Rolf och Annika svarar att de måste fundera lite men de skriver upp sig på en lista. På vägen ut ser de några grannar. De ser trevliga ut.

A Välj prepositioner ur rutan och skriv dem där de passar in. Ni kan använda samma preposition flera gånger. Ibland finns olika alternativ.

---
mittemot   bredvid   till höger om   på   till vänster om
ovanför   mellan ... och under   i

1 Det ligger en matta _____ golvet _____ soffbordet.

2 Soffbordet står _____ mattan.

3 Det hänger en tavla på väggen, _____ soffan.

4 Det står ett skrivbord _____ soffan _____ bokhyllan.

5 Bokhyllan står _____ / _____ skrivbordet.

6 Skrivbordet står _____ / _____ bokhyllan.

7 Det står en teve _____ soffan, _____ hörnet.

8 Det finns många böcker _____ bokhyllan.

9 Det sitter en hylla _____ väggen _____ skrivbordet.

10 Det står en radio _____ hyllan.

11 Det hänger en lampa _____ taket.

12 Det står en krukväxt _____ fönstret.

13 Det ligger en tidning _____ soffbordet.

> Det sitter några svartvita fotografier på väggen i vardagsrummet. Det ligger en färgglad filt och massor av kuddar i soffan och bakom soffan står det en dyr designlampa.
>
> Det står att huset är byggt 1909.
> … lägenheten ligger fem minuter från Rolfs jobb

Verb för position: *sitter/ligger/står* om saker

Det + verb + substantiv i obestämd form = presentering

Står om text. *Ligger* om geografi.

B Säg verben *sitt*, *ligg*, *stå* i rätt form där de passar in.

1 Det … en gammal matta i hallen.
2 Det … ett kylskåp i köket.
3 Det … ett vykort på kylskåpet.
4 Det … en golvlampa vid soffan.
5 Det … en filt på sängen.
6 Det … en tidtabell på väggen vid dörren.

ÖB 17:2–3

> Hon ser sympatisk ut.
> De ser trevliga ut.

Partikelverb med adjektiv:
Ser + adjektiv + *ut*

C Säg meningar med *se ut*. Repetera först alla former av verbet *se*.
Exempel:

Igår/mina elever/trött — *Igår såg mina elever trötta ut.*

1 Idag/Petra/glad
2 Den här veckan/Nils/irriterad
3 Förra året/Maria och Isabel/sjuk
4 Det/konstig
5 Huset i annonsen/tråkig
6 De här böckerna/intressant

ÖB 17:4

D Titta igen på *Lägenhetsvisning*. Tycker ni att Annika och Rolf ska köpa lägenheten? Varför/varför inte?

184 • RIVSTART A1+ A2 Textbok

4 Flytta ihop

A Skriv rätt siffra vid varje bild.

1 en vägg	**6** en matta	**11** en golvlampa	**16** en stol
2 ett matbord	**7** en taklampa	**12** en gardin	**17** ett tak
3 ett golv	**8** ett soffbord	**13** en soffa	**18** ett fönster
4 en skrivbordslampa	**9** ett skrivbord	**14** en fåtölj	**19** en öppen spis
5 ett skåp	**10** en bokhylla	**15** en tavla	**20** en krukväxt

B Vilka saker har man i de olika rummen? Berätta för varandra.

| ett sovrum | ett badrum | en hall | ett arbetsrum |
| en tvättstuga | ett kök | en toalett | ett vardagsrum |

Exempel:

– I sovrummet har man en säng…

> Man säger: *i* rummet (och *i* köket, *i* hallen o.s.v.), men *på* toaletten.

C Du och din partner ska flytta ihop. Diskutera hur er drömlägenhet ska se ut. Rita den på ett papper.

D Titta på er ritning. Diskutera vilka färger och möbler ni vill ha. Rita in möblerna i lägenheten.

Förslag:
I det här rummet kan vi ha …
Här kan vi ha …
Jag tycker att vi ska ha … här.

Positiv	**Inte så positiv**	**Negativ**
Ja, vilken bra idé!	Tja, eller …	Nej, tycker du?
Perfekt!	Mmm, kanske …	Nej, usch!
Absolut!	Ja, varför inte?	Aldrig i livet!
Ja, det blir snyggt!	Ska vi verkligen ha en rosa … ?	Nej, fy vad fult!

E Presentera er lägenhet för paret bredvid.

F Lyssna på orden här nedanför. Hur många stavelser har de?
Exempel:

idé = _2_

1 gardin: _2_   3 verkligen: ____   5 perfekt: ____

2 absolut: ____   4 föräldrar: ____   6 betalar: ____

7 toalett: ____	10 arbetsrummet: ____	13 badrum: ____
8 skrivbordslampa: ____	11 möblerna: ____	14 kanske: ____
9 matta: ____	12 soffbord: ____	

G Lyssna igen och säg orden i F. Vilken kategori ska de vara i?
— lång stavelse, ∪ kort stavelse

1 — ∪

2 ∪ —
   gardin

3 ∪ ∪ —

4 — ∪ ∪

5 ∪ — ∪

6 — —

7 — ∪ — ∪

H Lyssna igen. Är det lång vokal eller lång konsonant? Stryk under.   ÖB 17: 5–8

Skriv!

Skriv en text om ditt drömboende. Använd texten här nedanför som inspiration.

Mitt drömboende

Så här ser mitt drömboende ut. Det är en lägenhet, en sexa, mitt i stan vid en park. Lägenheten har en stor balkong mot parken och många fönster, så den är jätteljus och luftig. Den har två sovrum, ett enormt bibliotek och en hemmabio. I mitt sovrum har jag ...

1 Fikapaus på jobbet

– Du Cathrine, vad är det här för något?!
– Det är vår nya kaffeapparat. Den kan göra riktig kaffe latte.
– Härligt! Mmm, vad gott! Hur var din helg då?
– Jo, den var bra. Vi åkte ut till landet och krattade löv och tog upp båten och så.
– Oj, det låter jobbigt!
– Ja, men vi pratade och hade riktigt trevligt. Och det var ju fint väder. Men, vad gjorde *ni* då?
– Tja, vad gjorde vi…? Vi gick runt på stan och tittade på soffor. Vi är lite trötta på vår röda soffa. Förresten Cathrine, ska inte din dotter Jenny flytta hemifrån snart?
– Jo. Jag vet inte om du har träffat Jennys nya kille Gordon? De har köpt en liten lägenhet tillsammans.
– Vad kul! Nej, jag har inte träffat honom. Men du, de kanske vill ha vår soffa?
– Ja, kanske det. Hur mycket vill ni ha för den?
– Äsch, ingenting. Jag är bara glad om någon vill ha den.
– Vad snällt!
– Apropå ingenting, såg du den nya teveserien som började igår?
– Nej, den missade jag. Var den bra?
– Ja, otroligt spännande! Den handlar om en agent som (…) Jaha, då var det dags.

Vanliga reduktioner och förändringar

aldrig	med	till
alltid	mig/dig/sig [mej/dej/sej]	vad
att + infinitiv [å]	morgon	var
de/dem [dåm/råm]	mycket	vid
det [de/re]	någon/något/några	vilken/t/a [viken/t/a]
hur	[nån/nå(t)/nåra]	är [e]
idag	och [å]	pratade (suffix i verb
jag	sedan [sen]	grupp 1 uttalas inte) [prata]

A Lyssna på *Fikapaus på jobbet* igen. Vilka reduktioner och förändringar kan du höra? Markera i texten.

B Ta en fikapaus ni också och småprata. Försök att hålla igång samtalet så länge som möjligt. Välj teman ur rutan att prata om.

```
kaffet      vädret     helgen    semestern   husdjur: hundar/katter/fåglar
nyheter     en film    en bok    shopping    köpa hus eller lägenhet
ett teveprogram eller en teveserie
```

Börja ett samtal
Du …

Introducera ett ämne
Har du/ni hört/sett/läst …?
Vad tycker/tyckte du/ni om …?
Jag måste bara berätta en sak!

Byta ämne
Förresten …
Apropå det/ingenting …

När det blir tyst
Mmm …
Jodå …

Avsluta en fikapaus
Ska vi?
Då var det dags.
(Är det) dags att jobba/gå tillbaka?

Kaffe

Svenskar är ett kaffedrickande folk. I genomsnitt dricker svensken 3–4 koppar kaffe per dag. I Europa är det bara Finland och Norge som har större kaffekonsumtion. Av allt kaffe svenskarna dricker är bara 14 procent ekologiskt, men den siffran ökar varje år.

På många svenska arbetsplatser är det vanligt med fikapauser. Enligt en undersökning fikar man i genomsnitt 1,6 gånger per dag på jobbet och varje fika är 13 minuter lång.

Källa: European Coffe Federation (2012), Fikarapporten (2012)

C Läs påståendena här nedanför. Gissa om de är rätt eller fel. Skriv R eller F. *

1 Män fikar oftare än kvinnor. ____
2 Av kvinnorna säger 75 procent att de helst pratar om relationer när de fikar. ____
3 Av kvinnorna säger 1 procent att de helst pratar om sport. ____
4 Av männen säger 48 % att de helst pratar om sport. ____
5 Nyheter och samhällsfrågor är populärast att prata om under fikat. ____

D Fråga varandra.

- Dricker man mycket kaffe i ditt land?
- Hur mycket kaffe eller te dricker du?
- Är det vanligt med fikapauser eller andra pauser på jobbet i ditt land?
- Vad pratar du helst om när du fikar/tar paus?
- Vad är bra/dåligt med fikapauser på jobbet, tycker du?

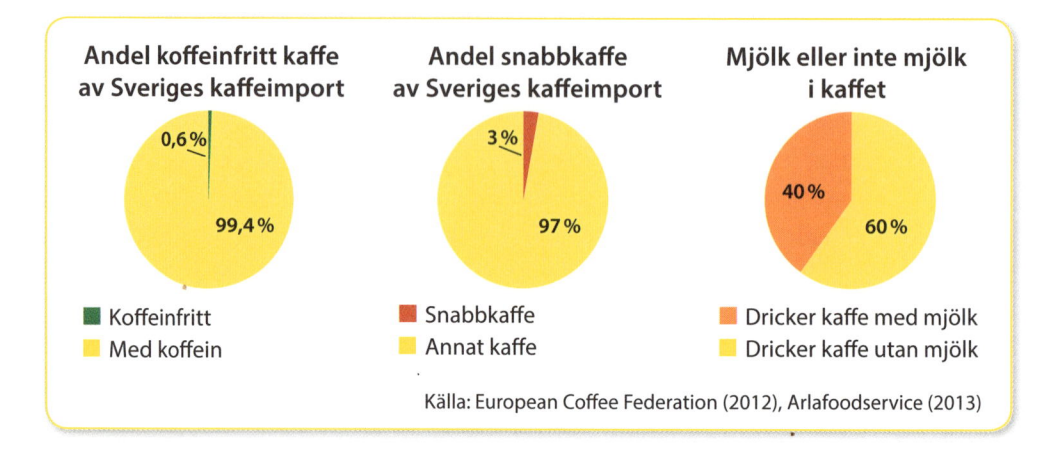

Andel koffeinfritt kaffe av Sveriges kaffeimport
0,6 % Koffeinfritt
99,4 % Med koffein

Andel snabbkaffe av Sveriges kaffeimport
3 % Snabbkaffe
97 % Annat kaffe

Mjölk eller inte mjölk i kaffet
40 % Dricker kaffe med mjölk
60 % Dricker kaffe utan mjölk

Källa: European Coffee Federation (2012), Arlafoodservice (2013)

E Prata om statistiken.
Exempel:

– Mindre än en procent av allt kaffe som Sverige importerar är koffeinfritt.

Det är bara en liten andel av ... som är ...
Nästan 100 procent av ...
En klar majoritet av kaffet/kaffedrickarna ...
Mer/mindre än hälften ...
Mer/mindre än ... procent av ...

* 1 R, 2 F (rätt svar 15 %), 3 R, 4 F (rätt svar 14 %), 5 R källa: Fikarapporten (2012)

2 Så funkar det

A Välj apparat ur rutan och skriv på rätt rad. En blir över.

> en kopieringsmaskin   en kortläsare   en dator   en projektor   en kaffebryggare

1. När du kommer på morgonen, måste du sätta på den direkt. Annars blir många sura. Gör alltid två kannor. Du häller i här upp till den här lilla markeringen. Sedan tar du 12 skopor per kanna. Du sätter på här. Tryck på den gula knappen. Tänk på att det finns en timer här på väggen också.

1 _____

2. Ta den här gråa kabeln som sitter i väggen och koppla in i en matchande port på din dator. Om du inte har en PC behöver du en adapter. Du kan låna en adapter hos vaktmästaren.
Sätt på apparaten med fjärrkontrollen och vänta en stund. Det kan ta 30 sekunder innan bilden kommer. Glöm inte att stänga av apparaten när du är färdig.

2 _____

3. Tryck in din kod och tryck sedan på den gröna knappen. Om du vill ha dubbelsidigt trycker du på den gula knappen. Om det blir stopp måste du ringa till receptionen. Gör inget själv. Det blir bara mer problem. Fyll på papper om det tar slut.

3 _____

4. Om du kommer först på morgonen måste du trycka en kod. Koden får du från IT-avdelningen. Sedan behöver du bara dra kortet. På kvällen, om du är sist, måste du trycka en annan kod. Om du trycker fel kod eller har dörren öppen mer än en halv minut går larmet.

4 _____

vår nya kaffeapparat
Jennys nya kille
den här gråa kabeln
den gula knappen

SPECIAL:
den här lilla markeringen

Adjektiv: bestämd form

B Titta på adjektiven i rutan här ovanför. Vilken bokstav slutar adjektiv i bestämd form på? Titta på substantiven i fokusrutan. Är de i obestämd eller bestämd form?

C Stryk under alla fraser med adjektiv och substantiv i *Fikapaus på jobbet* och *Så funkar det*. Är adjektiven och substantiven i bestämd eller obestämd form?

D Kombinera. Dra streck.

1 den/det/de här/där +   a bestämt adjektiv + obestämt substantiv
2 possessivt pronomen/genitiv + b obestämt adjektiv + obestämt substantiv
3 en/ett/många/ingen +   c bestämt adjektiv + bestämt substantiv

ÖB 18:1–2

E Lyssna på telefonsamtalet. Prata med varandra. Vad händer under samtalet? (129)

F Lyssna igen och svara på frågorna.

1 Vad har mannen för telefonnummer? _____

2 Varför ringer han? _____

3 Vilken siffra ska man trycka för övriga frågor? _____

4 Vilket alternativ väljer han? _____

5 Vilken plats har han i kön? _____

3 Tillbaka vid skrivbordet

Anders och Cathrine går tillbaka till sina arbetsplatser efter fikapausen. Cathrine vill diskutera några saker med Anders, men han säger att han måste ringa några viktiga samtal först. Han slår in ett nummer och börjar prata med någon.

> **Anders:** Hej, jag skulle vilja beställa tid för klippning hos Rebecca.... Onsdagen den 24? Nja, det passar inte så bra. ... Okej. Klockan fem? Det blir bra. ... Anders Lundén.... 0781 33 96 48. ... Tack för det. Hej då.

Cathrine frågar Anders om de kan prata nu, men han svarar att han måste ringa några samtal till. Cathrine suckar och väntar.

> **Anders:** Hej, Anders Lundén heter jag. Jo, det är så att min dotter har förlorat sitt lånekort. Och nu undrar jag hur vi gör.... Mmm, jag förstår.... Jaha... Då säger jag till henne att fixa det.... Ja, självklart. Stort tack för hjälpen!

Cathrine försöker få kontakt med Anders, men han är inte färdig ännu.

> **Anders:** Hej, vad bra! Har du tid en minut? ... Jo, jag har tittat på det där hotellet i Barcelona igen. Ska vi inte boka det i alla fall? ... Jo, kanske det. Men det ingår ju frukost också.... Jo, jo, men det ligger ju centralt och ... Okej, vi kan prata mer om det ikväll då.... Jag med! Puss puss.

Cathrine går till fikarummet för att hämta en kopp kaffe. Hon tänker att Anders kanske är klar med sina samtal när hon kommer tillbaka. Det är han inte.

> **Anders:** Ja, hej, det här är Anders Lundén. Roberts pappa. Förlåt att jag inte har ringt tillbaka tidigare. Har det hänt något? ... Jaha, oj då. Det var inte bra.... Mmm ... Nej, absolut inte ... Nej, han brukar alltid ... Jaha, ja ... Ja, det är klart att vi ska göra ... Jag ska prata med honom ikv ... Mmm, det förstår jag...

Cathrine ger upp. Hon sätter på sin senaste spellista på telefonen, tar på sig hörlurarna och börjar jobba.

A Titta på Anders fyra telefonsamtal. Vilka ringer han till, tror ni? Motivera.

B Fundera en stund på vad de pratar om. Skriv nyckelord för den andra personens repliker.

C Person A är Anders och person B är personen som Anders pratar med. Improvisera de olika telefonsamtalen med hjälp av nyckelorden från B.

D Läs texten här nedanför och placera meningarna a–e på rätt plats.

a Han köpte en sportbil och träffade olika tjejer, men livet blev inte bättre.
b I stället för att betala för musiken laddade många ner den gratis på olika olagliga sajter.
c Han träffade Martin Lorentzon, som också hade tjänat mycket pengar på IT-företag.
d När han var 14 år startade han sitt första företag.
e Musik, datorer och internet var viktigare för honom än skolarbetet.

> Året var 2008. Efter flera år av hårt arbete var det äntligen dags. Daniel Ek och Martin Lorentzon lanserade sitt företag Spotify.
> På den tiden hade musikindustrin stora problem. Folk köpte inte CD-skivor lika mycket som förut. 1____ Med Spotify kunde man lyssna på strömmad musik över internet. Gratis och lagligt. Det blev en stor succé och Spotify har inspirerat många andra företag.
> Daniel Ek växte upp i Stockholmsförorten Rågsved. Redan som 4-åring lärde han sig att spela gitarr och han blev snart intresserad av datorer också. När han gick i skolan började han bygga datorer, lära sig programmering och göra webbsidor. Olika företag kontaktade Daniel och ville ha hans hjälp. 2____ Han lärde några skolkompisar HTML-programmering så att de kunde jobba tillsammans med honom. Daniel gick ut gymnasiet, men hans betyg var inte så bra. 3____
> Senare startade han flera internetbolag som gick bra och han tjänade mycket pengar. Efter skolan började han på KTH, men hoppade av ganska snart. Ett par år senare sålde han sina företag och blev miljonär. Daniel var en musik- och datanörd och han hade alltid känt sig lite utanför. När han blev rik trodde han att han skulle bli lyckligare och mer populär bland tjejer. 4____ Han blev deprimerad och tänkte mycket på sitt liv. Vem var han? Vad ville han göra? Till slut bestämde han sig för att kombinera det han tyckte mest om: musik och teknik. 5____ Tillsammans började de arbeta med det projekt som sedan blev Spotify.
>
> Källor: Sommar i P1 (2012), Chef (2012), SvD (jan 2012)

E Vilken rubrik passar bäst till texten här ovanför?

Pengar är den största lyckan
En ung IT-entreprenör
Utbildning öppnar alla dörrar

4 I telefon

1. – Personalavdelningen, det här är Ulla Jakobsson.
   – Hej, jag söker Maria Danielsson.
   – Vem kan jag hälsa från?
   – Leif Gustavsson från supporten.
   – Ett ögonblick. … Jag får inget svar där. Kan jag ta ett meddelande?
   – Ja, be henne ringa mig. Hon har mitt nummer.
   – Det ska jag göra.
   – Tack och hej.
   – Hej då.

2. – Välkommen till Dentalab. Hur kan jag hjälpa till?
   – Hej, mitt namn är Gustav Andersson. Jag skulle vilja tala med Gunilla Berg.
   – Var god dröj. (…) Hon sitter i telefon. Vill du vänta?
   – Nej tack. Jag återkommer.
   – Okej.

3. – Roger Nilsson, ekonomiavdelningen.
   – Eh, har jag inte kommit till Snabba Klipp?
   – Nej, det här är ekonomiavdelningen på IT-Nu.
   – Jaha, oj, då har jag ringt fel. Ursäkta.
   – Ingen fara.

A Titta på de informella telefonfraserna här nedanför. Hur kan man säga samma sak på ett mer formellt sätt?

1. – Är Kalle där?
2. – Jag ringer lite senare.
3. – Hej, det är Stina.
4. – Vänta lite.
5. – Ska jag hälsa något?

Mobiltelefonen

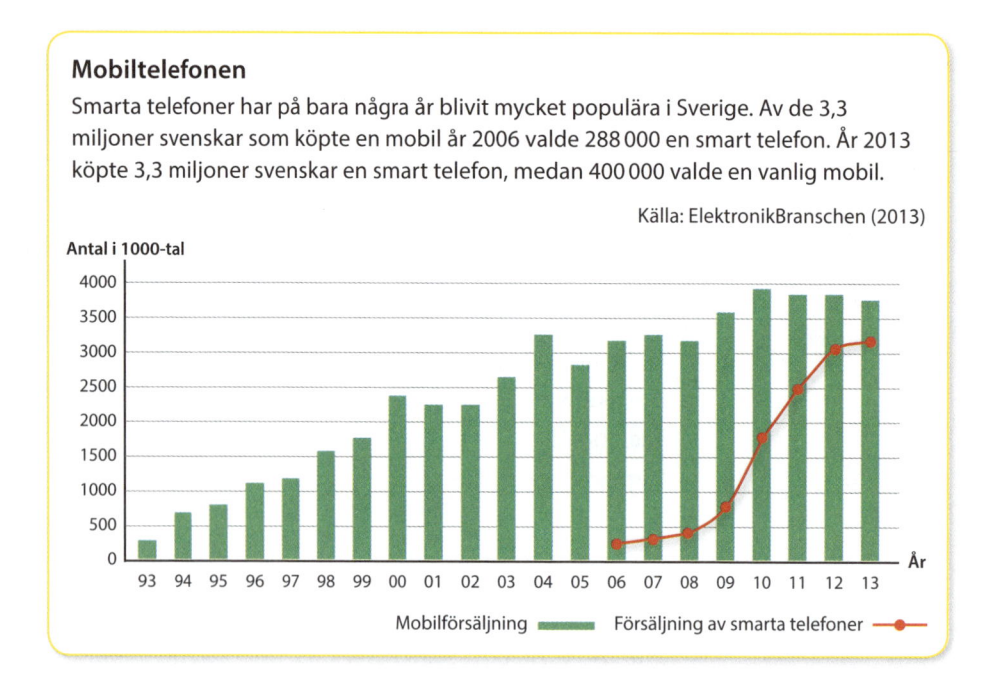

Smarta telefoner har på bara några år blivit mycket populära i Sverige. Av de 3,3 miljoner svenskar som köpte en mobil år 2006 valde 288 000 en smart telefon. År 2013 köpte 3,3 miljoner svenskar en smart telefon, medan 400 000 valde en vanlig mobil.

Källa: ElektronikBranschen (2013)

B Lyssna flera gånger och kryssa för rätt alternativ.

1 Bengt kan inte ta samtalet för
- [ ] han sitter i telefon.
- [ ] han är på ett möte.
- [ ] han är på en tandklinik.

2 Siv ger sitt telefonnummer
- [ ] trots att hon vet att Bengt har det.
- [ ] eftersom Bengt inte har det.
- [ ] eftersom Nils ber om det.

Så här skrev Nils till Bengt:

> Bengt!
> Kontakta Siv Olofsson på Tandkliniken. Det är problem med en leverans. Hon har nummer 064-517 13 12.
> Ring henne direkt.
> //Nils

C Lyssna på två personer som lämnar ett meddelande.

D Lyssna igen och anteckna viktig information.

E Skriv de två meddelandena.

- Vem ska de kontakta?
- Varför ska de kontakta personen?
- Hur de ska kontakta personen?
- Vad har personen för telelefonnummer/epostadress?
- När ska de kontakta personen?

Exempel:

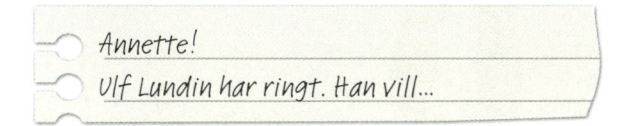

Annette!
Ulf Lundin har ringt. Han vill…

ÖB 18:3–7

Skriv!

När man skriver mejl till sina kollegor på en arbetsplats ska man tänka på att skriva kort och enkelt. Välj ett av ämnena i rutan och skriv ett mejl till en kollega. Använd mejlet här nedanför som inspiration.

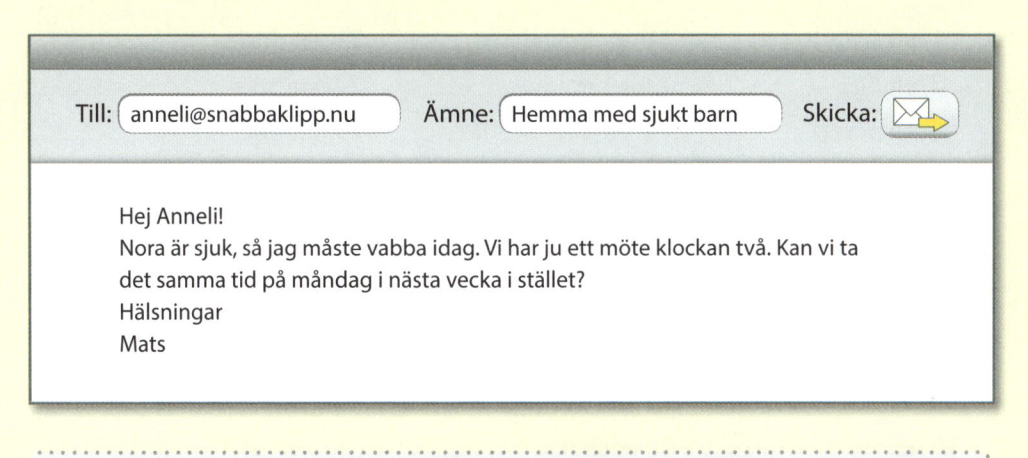

Till: anneli@snabbaklipp.nu   Ämne: Hemma med sjukt barn   Skicka:

Hej Anneli!
Nora är sjuk, så jag måste vabba idag. Vi har ju ett möte klockan två. Kan vi ta det samma tid på måndag i nästa vecka i stället?
Hälsningar
Mats

Kan inte komma på mötet   Ta en AW på fredag   Behöver vara ledig på torsdag   Är sjuk

Hej!
Tyvärr…
Jag är ledsen…
Kan vi… i stället?

Skulle vi kunna… i stället?
Vill du…?
Jag undrar om…

19

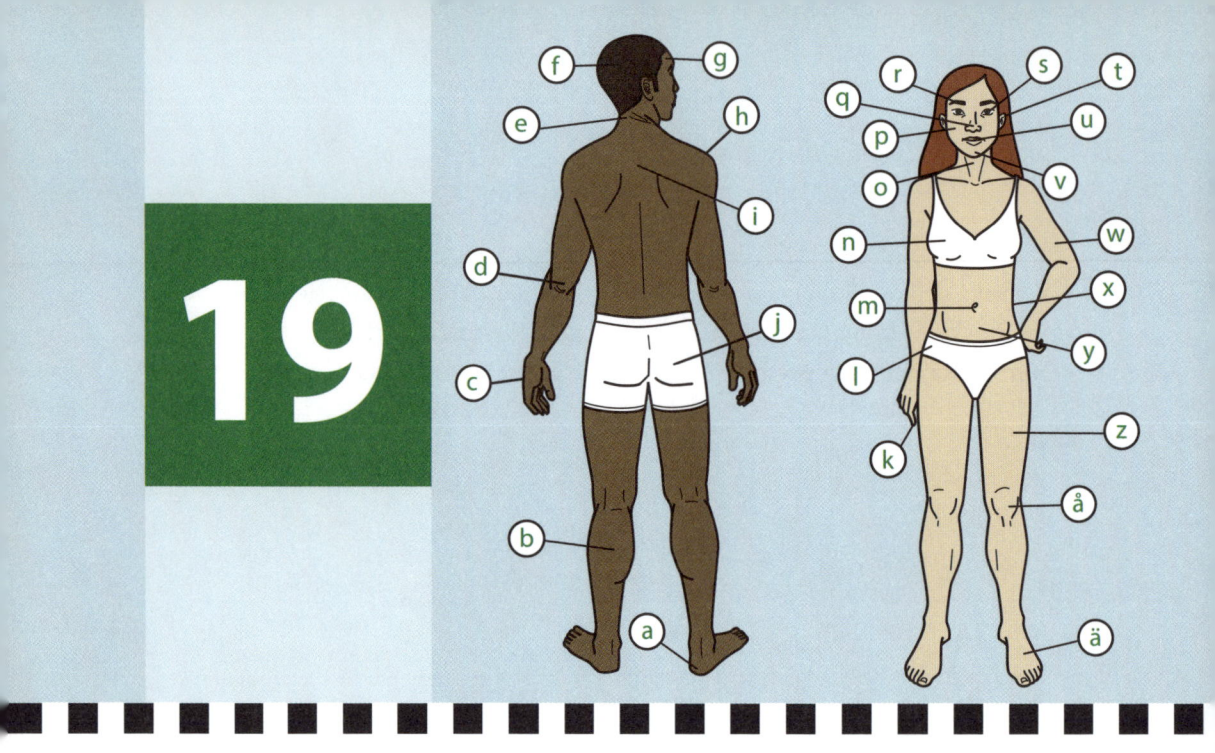

1 Kroppen

A Kombinera. Skriv rätt bokstav vid varje kroppsdel.

1 en arm	____	11 ett huvud	____	21 en mage	____
2 ett öga	____	12 en rygg	____	22 ett bröst	____
3 en navel	____	13 en höft	____	23 ett öra	____
4 en midja	____	14 en armbåge	____	24 en axel	____
5 en häl	____	15 en hand	____	25 (ett) hår	____
6 en hals	____	16 en fot	____	26 en kind	____
7 en nacke	____	17 en näsa	____	27 ett ögonbryn	____
8 ett knä	____	18 ett finger	____	28 en rumpa/en stjärt	____
9 en vad	____	19 ett lår	____		
10 en mun	____	20 en haka	____		

B Öva kroppsdelar. En säger till exempel: – Peka på ett öra. Den andra pekar på örat.

C Testa er själva eller tävla mot de andra i klassen. Rita en människa och skriv så många kroppsdelar ni kan (utan att titta i boken).

2 Hos doktorn

– Hej, Johan Lundman. Välkommen. Varsågod och sitt. Hur kan jag hjälpa dig?
– Jo, det är så att jag ofta har ont i huvudet.
– Jaha. Hur länge har du haft huvudvärk?
– Jag har haft ont i huvudet i flera månader nu.
– Har du ont varje dag?
– Nej, men kanske varannan eller var tredje dag.
– Hmm. Tar du någon medicin?
– Ja, det gör jag. Jag brukar ta huvudvärkstabletter. Två, tre tabletter om dagen ibland.
– Tycker du att tabletterna hjälper?
– Ja, det gör de.
– Sover du bra?
– Förlåt, vad sa du?
– Hur sover du?
– Så där faktiskt. Ibland har jag svårt att somna på kvällarna.
– Vad gör du då?
– Då ligger jag och läser en stund. Ibland går jag upp och dricker en kopp te.
– Dricker du mycket kaffe eller te?
– Nej, det gör jag inte. Ungefär 2–3 koppar om dagen.
– Röker du?
– Nej, det gör jag inte. Men jag snusar en hel del.
– Mmm. Motionerar du?
– Ja, det gör jag. Jag brukar springa ett par gånger i veckan.
– Arbetar du?
– Ja, det gör jag. Jag är croupier på ett kasino.
– Är det inte ett stressigt arbete?
– Jo, det är det. Man måste vara superkoncentrerad hela tiden.
– Kan du koppla av när du är ledig, då?
– Nej, det kan jag inte. På fritiden är jag hockeytränare. Så det är fullt upp kan man säga.
– Hmm. Jag ska ta några prover på dig. Men jag misstänker att huvudvärken beror på stress. Ska du ha semester snart?
– Ja, det ska jag. Om två veckor ska jag resa till Maldiverna och dyka.
– Det låter bra. Vänta tills du kommer hem igen och se om huvudvärken blir bättre. Om den inte blir bättre kan du komma tillbaka hit.

> – Motionerar du? – Ja, **det gör jag.**
> (= Ja, jag motionerar.)
>
> – Dricker du mycket kaffe? – Nej, **det gör jag inte.**
> (= Nej, jag dricker inte mycket kaffe.)
>
> – Ska du ha semester snart? – Ja, **det ska jag.**
> (= Ja, jag ska ha semester snart.)

Kortsvar

A Kombinera fråga och svar. Dra streck.

1 – Är du trött?   a – Nej, det gör jag inte.
2 – Har du barn?   b – Ja, det kan jag.
3 – Kan du komma klockan sju? c – Ja, det ska jag
4 – Ska du åka till Maldiverna? d – Jo, det vill jag.
5 – Brukar du motionera mycket? e – Ja, det är jag.
6 – Vill du inte sluta röka? f – Nej, det brukar jag inte.
7 – Gillar du att läsa?   g – Ja, det har jag.

B Titta igen på frågorna och svaren i A. Hur svarar man med kortsvar? (Tips: vad är det för verb i frågan och i svaret? Hur börjar svaret? Hur slutar svaret?)

C Intervjua varandra. Ställ ja/nej-frågor. Svara med kortsvar.
Exempel:

– Röker du?

– Ja, det gör jag./Nej, det gör jag inte.

Ja/jo/nej, det + hjälpverb/gör/är/har + jag + (inte).

D Sitt i grupper om tre eller fyra personer. En i gruppen tänker på en person. De andra ska ställa ja/nej-frågor om personen och sedan gissa vem det är.
Exempel:

– Är det en man?
– Nej, det är det inte.
– Är hon politiker?

– Nej, det är hon inte.
– Är hon…

en politiker	en skådespelare	en hjälte
en musiker	en författare	en vetenskapsman
en idrottsman	en kunglighet	en kompositör
en kändis	en seriefigur	en figur i en bok/film

E Tänk på en person som inte längre lever. Fråga och svara som i D, men använd preteritum.
Exempel:

– Var det en man?
– Nej, det var det inte.

– Var hon en …

ÖB 19:1

Ungefär 2–3 koppar **om** dagen.
Jag brukar springa ett par gånger **i** veckan.

Tidsprepositioner för frekvens
(Svarar på frågan: *Hur ofta?*)

F Intervjua varandra. Fråga:

Hur ofta dricker du kaffe?
Hur ofta tänker du på …?
Hur ofta lyssnar du på svensk musik?

Hur ofta gör du läxorna?
Hur ofta städar du badrummet?
Hur ofta blir du arg? o.s.v.

Svara
Antal + gång(er) + } i timmen/veckan/månaden
om dagen/året

Exempel:

– Hur ofta dricker du kaffe?
– En gång om dagen.

ÖB 19:2

– Har du ont varje dag?
– Nej, men varannan eller var tredje dag.

Uttryck för frekvens
(Hur ofta?)

G Intervjua varandra. Fråga:

Hur ofta firar du jul/din födelsedag?
Hur ofta tränar du?
Hur ofta betalar du räkningar? o.s.v.

Svara
Varje/varannan/var tredje/var fjärde + sekund/minut/timme/dag/vecka/månad.
Varje/vartannat/vart tredje/vart fjärde + dygn/år.

ÖB 19:3

I obetonat ord efter vokal uttalas **d** ofta som **r**.
Det är vanligt i pronomen (du, din, den, det, de o.s.v.).
    Men det är inte så i hela Sverige. Lyssna hur folk pratar där du är.

H Här är några fraser ur dialogen Hos doktorn. De är skrivna som man uttalar dem. Hitta fraserna i dialogen. Stryk under.

1 [deere]
2 [degörom]
3 [drickeru]
4 [görudå]
5 [hulängeharu]
6 [närue]
7 [tarunån]
8 [tyckeru]
9 [vasaru]

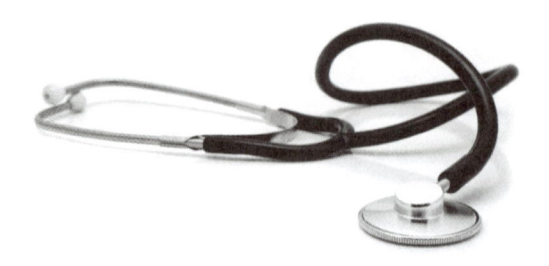

3 Hur mår du?

A Kombinera fraserna. Dra streck.

1	Mår du illa?	a	Sätt dig i soffan och vila lite.
2	Jag har feber, så jag måste nog gå hem.	b	Ja, lite. 38,0.
3	Gör det ont här?	c	Vad jobbigt. Har du tagit din astmamedicin idag?
4	Jag svettas jättemycket.		
5	Det är svårt att andas.	d	Ja, jag tror att jag måste kräkas.
6	Jag är yr.	e	Kommer det upp slem också?
7	Usch, jag har så ont i huvudet.	f	Så där. Jag har lite ont i magen.
8	Har du feber?	g	Jag skriver ut ett nytt recept. Du kan hämta ut den på apoteket.
9	Har du ringt vårdcentralen?		
10	Hur mår du?	h	Ja, men det var upptaget hela tiden.
11	Jag hostar jättemycket.	i	Oj då. Du kanske har feber?
12	Min blodtrycksmedicin är slut.	j	Stackare. Krya på dig!
		k	Här, ta en huvudvärkstablett.
		l	Aj! Ja, det gör jätteont!

B Läs igenom meningarna här nedanför. Lyssna och kryssa för rätt alternativ. (136)

1 Martin har
- [ ] ont i kroppen och i halsen.
- [ ] ont i huvudet och halsen.
- [ ] ont i huvudet och magen.

2 Martin vill att Madeleine ska hämta
- [ ] boken Hemmadoktorn.
- [ ] febertermometern.
- [ ] hostmedicin.

3 Martin tror att han har
- [ ] en förkylning.
- [ ] en hjärntumör.
- [ ] migrän.

4 Madeleine
- [ ] vill gärna hjälpa Martin.
- [ ] tycker synd om Martin.
- [ ] är lite irriterad på Martin.

5 Martin har
- [ ] 36,2 grader.
- [ ] 36,7 grader.
- [ ] 36,9 grader.

6 Martin går ... till doktorn.
- [ ] aldrig
- [ ] ofta
- [ ] sällan

C Gå till doktorn. En person agerar läkare, den andra är patient. Patienten väljer ett eller flera symtom. Använd fraser från *Hos doktorn* och *Hur mår du?*. Läkaren ställer frågor och ger patienten diagnos och råd.

D Berätta för resten av klassen om läkarbesöket. Använd preteritum.

4 Frågor och svar

Fråga Annika

Skriv till vår relationsexpert Annika Sundberg och fråga om livet, identitet och relationer.

Hjälp mig Annika!
Jag och min pojkvän har varit ihop i tre år. Vi har levt ett lugnt liv med tevekvällar och skogspromenader. Men plötsligt har min kille blivit intresserad av fåglar. Han går upp supertidigt på helgmorgnarna och åker iväg och tittar på fåglar med sina nya fågelkompisar. När han är hemma sitter han bara och läser om fåglar och planerar fågelresor. Du kanske undrar varför jag inte åker med honom när han åker på sina resor. Tyvärr är jag väldigt rädd för fåglar, så det är inget alternativ. Jag har börjat sova dåligt och drömmer mardrömmar om fåglar. Hur ska jag göra för att få tillbaka min kille? Eller ska jag göra slut?
/Fågelhatare

> Du ska tänka positivt.

Kära Fågelhatare!
Du skriver att din pojkvän lägger mycket tid på sitt nya intresse, fåglar. Du skriver också att du är rädd för fåglar själv. Jag förstår att det är en svår situation, men jag tycker att du ska tänka positivt. Var glad att din kille har hittat en ny hobby. Och prata lugnt med honom och berätta hur du känner. Föreslå att ni ska göra fler saker tillsammans. Kanske kan ni ha fågelfri tid, alltså tider då din pojkvän gör andra saker än att titta på eller prata om fåglar. Och du kanske kan hitta en egen hobby att hålla på med? Livet är fullt av spännande upplevelser! Lycka till!
/Annika

> Han går upp **supertidigt**…
> men jag tycker att du ska tänka **positivt**.
> Och prata **lugnt** med honom…

Adverb

A Stryk under adverben i meningarna.

1. Den nya medicinen smakar starkt.
2. Om man får en infarkt måste man åka snabbt till sjukhuset.
3. Tiden går långsamt när man är sjuk.
4. Personer som sover dåligt kan få sömntabletter.
5. Om man har magproblem ska man äta långsamt.

ÖB 19:4

B Skriv till Annika Sundberg och berätta om ett problem. Använd din fantasi. Byt brev med någon i klassen.

ÖB 19:5–10

Skriv!

Skriv ett svar på din kompis brev. Tänk att du är Annika Sundberg.

Du skriver att…
Det verkar jobbigt./Jag förstår att det är en svår situation.
Jag tycker att du ska…/Du kan också…/Ett annat alternativ är att…
Lycka till!/Jag önskar dig lycka till!/Jag hoppas verkligen att det kommer att gå bra för dig.

1 Dagens notiser

A Kombinera rubrik och underrubrik. Dra streck.

1	Mirakel	a	"Vi är nöjda med oavgjort!"
2	Räntan går upp	b	Öl i stället för vatten
3	Snökaos på E6	c	Taxitomtarna är redo
4	Arbetslösheten går ner	d	Många jobb för ekonomer
5	1–1 mellan DIF och AIK	e	Så gör du med bostadslånen
6	Vann miljoner på Lotto	f	"Nu reser jag bort!"
7	Hjälp för stressade familjer i jul	g	Seriekrock – 10 skadade

B Prova att läsa notiserna här nedanför utan ordbok. Du behöver inte förstå allt.

1 _____

Enligt siffror från Arbetsförmedlingen sjunker arbetslösheten. Idag har Sverige 23 567 färre arbetslösa än samma tid förra året. Speciellt för ekonomer ser framtiden ljus ut. I gruppen civilekonomer är bara 2,1 procent arbetslösa.

2 _____

Riksbanken meddelade på måndagen att man höjer räntan med 0,25 procent. Olof Svensson, chefsekonom, på Odenbanken säger att han inte är förvånad.

– Vi har väntat länge på en höjning. Räntan har legat på rekordlåga nivåer under en lång tid och inflationen börjar stiga.

För den som har lån på lägenhet eller villa är det en viktig nyhet. Lånen blir förstås dyrare. Bör man binda lånen?

– Den som har små marginaler bör kanske göra det, säger Janet Brown på Stockholmsbanken.

5 _____

Igår inträffade en trafikolycka på E6:an mellan Malmö och Vellinge. En bilist körde in i bilen framför och en seriekrock blev resultatet. Totalt 10 bilar krockade. Ingen person blev allvarligt skadad. Snöovädret i södra Sverige har orsakat många problem i trafiken. Polisen uppmanar folk att köra försiktigt.

6 _____

Julen 2010 ringde en desperat mamma till TaxiNu och frågade om de inte hade en jultomte som kunde komma och dela ut klapparna. Det blev starten för taxibolagets tomteservice. Nu har bolaget 25 specialutbildade chaufförer som ska agera tomte på julafton.

– Vi är glada att kunna hjälpa alla familjer som inte har någon egen tomte, säger Linda Jacobsson på TaxiNu.

3 _____

Matchen mellan DIF och AIK började bra. DIF gick ut hårt och gjorde mål efter bara tre minuter. AIK kontrade 19 minuter in i matchen. Efter det hände inte mycket. Trots bra publikstöd slutade matchen oavgjort.

4 _____

Igår kväll hände något mycket konstigt hos Ulla-Britt Olsson i Lidköping. När hon vred på kranen kom öl i stället för vatten.

– Jag trodde att jag var i himlen, säger hon.

Ulla-Britt har en pub som granne. Ingen vet riktigt hur detta kunde hända, men kanske hade någon kopplat slangarna fel. Idag är vattnet tillbaka.

7 _____

En mycket glad man från Arvika är på väg till Bahamas. Gunnar Andersson har aldrig tidigare vunnit på Lotto, men igår hände det. Gunnar vann storvinsten – 7 miljoner kronor. Pengarna ska han använda till att betala lån och till att köpa en ny bil. Kommer han att fortsätta jobba, då?

– Nej, nu ska jag ta det lugnt och vara med mina barnbarn, säger Gunnar.

C Skriv rätt rubrik på artiklarna. Välj bland rubrikerna från A.

D Läs artiklarna igen. Använd en ordbok och slå upp de ord du inte förstår.

E Titta på en tidningssida eller på en dagstidning på Internet. Vad förstår ni?

2 Nyheter på radio

A Kombinera ord och fraser. Dra streck.

1 demonstrerar
2 en byggnad
3 renoverar
4 märker
5 bevisar
6 en risk
7 drabbas
8 (en) ränta
9 (en) arbetslöshet

a pengar som man betalar till banken för att låna pengar
b möjlighet att något farligt eller dåligt händer
c hur många som inte har jobb
d får problem med något
e t.ex. ett hus, ett slott eller en kyrka
f ser eller hör något
g visar att man är missnöjd med något
h visar att något är sant
i lagar och gör i ordning, t.ex. ett gammalt hus

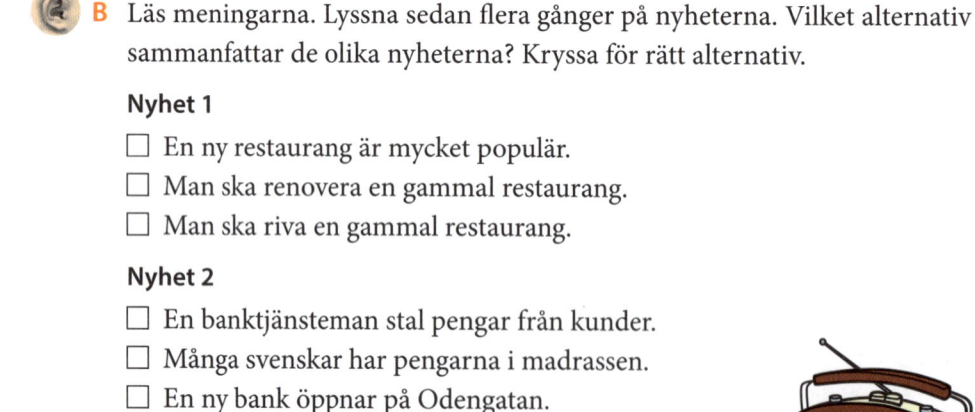

B Läs meningarna. Lyssna sedan flera gånger på nyheterna. Vilket alternativ sammanfattar de olika nyheterna? Kryssa för rätt alternativ.

Nyhet 1
☐ En ny restaurang är mycket populär.
☐ Man ska renovera en gammal restaurang.
☐ Man ska riva en gammal restaurang.

Nyhet 2
☐ En banktjänsteman stal pengar från kunder.
☐ Många svenskar har pengarna i madrassen.
☐ En ny bank öppnar på Odengatan.

Nyhet 3
☐ Läkare rekommenderar att vi dricker mer vin.
☐ Vinkonsumtionen har ökat med 20 procent i år.
☐ Vin är bra för hälsan.

C Lyssna på ekonominyheterna. Skriv sedan de siffror du hör. (140)

1 Börsen har gått upp _____ %
2 Euron står i _____
3 Dollarn står i _____
4 Räntan ligger på _____ %
5 Arbetslösheten ligger på _____ %
6 Inflationen ligger på _____ %

D Lyssna på vädret. Kryssa för rätt alternativ. (141)

Ikväll

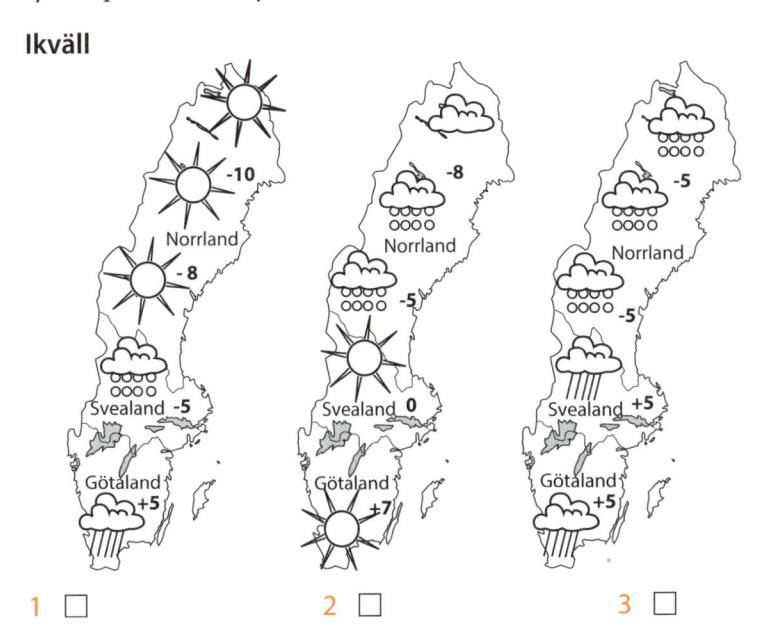

1 ☐   2 ☐   3 ☐

Imorgon

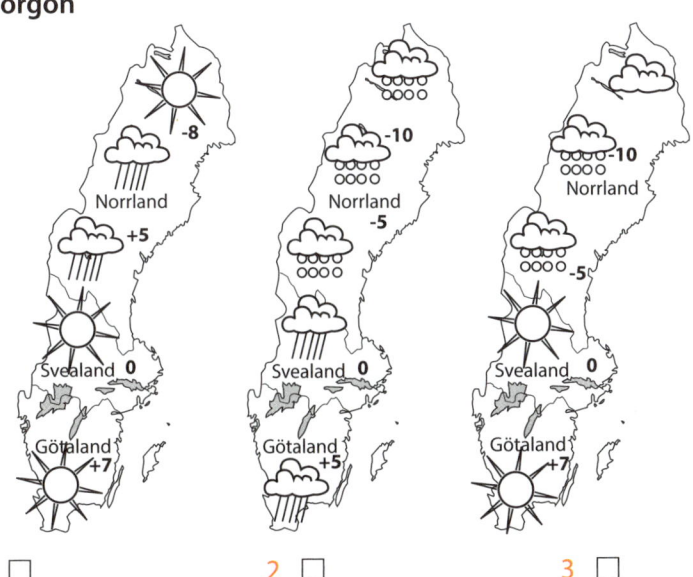

1 ☐   2 ☐   3 ☐

KAPITEL 20 • 209

E Lyssna igen på nyhet 1–2. Skriv de ord som fattas (1–3 ord per lucka).

Klockan är 18. Här är Nyheterna. Rubrikerna i dagens sändning: Restaurang ska rivas, Skandal på Odenbanken, Vin bra för hälsan, Ekonominyheter, Vädret.

1 Igår demonstrerade cirka _____ i Småstad mot att
                                         1

   restaurang Monopol i centrum ska rivas. Byggnaden är från 1870 och

   enligt kulturhistoriker _____. Här har
                                         2

   många _____, både från Sverige och
                     3

   resten av världen ätit, druckit och roat sig. Men nu verkar det som om den

   _____. Företaget som äger restaurangen, Invest AB,
                 4

   _____ att restaurangen måste renoveras. Det blir
                 5

   _____ så i stället väljer man att riva och bygga nytt.
                 6

   En namninsamling _____ för att rädda den gamla restau-
                                   7

   rangen. Men Ulf Berg på Invest AB säger att de inte _____
  8

   ändra sig:

   – Restaurangen är för gammal och _____. Det kostar för
                                                                        9

   mycket att renovera helt enkelt.

   Demonstranterna meddelar att de inte kommer att _____.
  10

2 Kunderna på Odenbanken är _____. En person som jobbar på
                                         1

   banken _____ från kundernas konton till sitt
                      2

   eget, i Schweiz. Detta har pågått _____ flera år. Mannen förde över
                                             3

   små belopp (10 eller 20 kronor) från _____ för att ingen
                                                               4

   skulle märka något. Totalt har han tagit _____ kronor.
                                                         5

   Han riskerar upp till _____ fängelse. Nyheterna har talat med
                              6

   _____.
                 7

– Ja, från mitt konto verkar han inte ha tagit nåt, men man vet ju aldrig. Men man blir orolig i alla fall. Kanske är det bättre att ha pengarna i madrassen.

F Lyssna igen på nyhet 3 och anteckna nya ord som du vill lära dig.

G Lyssna på texten och ringa in de ord som är betonade.

En otrevlig överraskning väntade en 37-årig man i Stockholm när han packade upp sin resväska på måndagen. Bland kläderna hittade han en stor giftspindel. Mannen fick ner spindeln i en glasburk och sedan ringde han Bosse Svensson på Skansens terrarium. Bosse Svensson kom och hämtade spindeln och tog med den till Skansen.

    37-åringen hade varit på semester i Brasilien och han tror att spindeln hade krupit in i en skjorta som låg ute på en terrass sista natten. Enligt Bosse Svensson mår spindeln bra, trots den långa resan.

H Lyssna igen och markera vilka ljud som är långa.

I Läs texten högt flera gånger. Spela in och lyssna på dig själv.

Svenskars medievanor

På vardagarna läser 79 procent av den svenska befolkningen mellan 15 och 79 år någon betald dagstidning.

    Ungefär en tredjedel av alla svenskar läser en tidning på nätet varje dag. Om man slår ihop all läsning av morgontidningar under en vecka sker 24 procent på webben. Siffran för läsning av kvällstidningar på webben är 63 procent.

    Tre av fyra svenskar (72 procent) lyssnar mest på den traditionella radion, medan 8 procent lyssnar mest på webbradion.

Källa: Mediekompass (2013), .SE/Svenskarna och Internet 2012

3 En nyhetsartikel

Framtidens jobb

Saco (Sveriges akademikers centralorganisation) har just publicerat sin prognos för arbetsmarknaden för akademiker om fem år. I rapporten talar man om tre olika kategorier av yrken.

I den första kategorin finns yrken med *liten konkurrens om jobben*. I denna kategori finns fler lediga jobb än utbildade, så chanserna att få en anställning är mycket goda. I den andra kategorin finns yrken med *balans*. När det är balans finns det ungefär lika många utbildade som det finns arbeten. Personer som är utbildade i de här yrkena har goda chanser att hitta jobb. I den tredje kategorin finns yrken med *stor konkurrens om jobben*. I den här kategorin finns fler utbildade än jobb, och därför är risken för arbetslöshet stor.

Vilka yrken ska man då satsa på om man vill vara säker på att hitta ett jobb? Enligt Saco har bland annat datavetare, matematiker/statistiker, biomedicinska analytiker, och gymnasielärare i några ämnen en ljus framtid. Man är generellt optimistisk och man tror att det kommer att vara balans på arbetsmarknaden för många akademiska yrken. Det gäller exempelvis ekonomer och psykologer. Men de som utbildar sig till kulturarbetare eller journalist kommer att få svårt att hitta en anställning.

Arbetsförmedlingen gör prognoser för arbetsmarknaden varje år och inkluderar då alla typer av jobb, inte bara akademikeryrken. Enligt deras prognos kommer man att göra drygt en miljon rekryteringar nästa år. Det finns ett stort behov av till exempel ingenjörer inom gruvteknik, läkare, tandläkare, förskolelärare, kockar, akut- och operationssjuksköterskor samt systemutvecklare. Även Arbetsförmedlingen menar att framtiden ser mörk ut för fotografer, journalister och informatörer. Men på Arbetsförmedlingens lista över yrken där det är stor konkurrens om jobben hittar man också olika industriarbeten som truckförare och montörer. Enligt prognosen kan 16 000 jobb försvinna inom industrin de kommande åren.

Frågan är om de unga i första hand tänker på chansen att få jobb i framtiden när de väljer utbildning. Torbjörn Lindqvist på Högskoleverket tror inte det.

– De flesta väljer att utbilda sig till något de är intresserade av eller har talang för. Till exempel är det mycket populärt att studera journalistik, trots att det finns få jobb.

Anneli Svensson, studie- och yrkesvägledare på en gymnasieskola i Skövde menar att det är viktigt att man väljer en utbildning man är intresserad av.

– Man måste ju tycka att utbildningen är rolig för att det ska bli bra, säger Anneli Svensson.

Källa: SvD, Arbetsförmedlingen.se, Saco, SvT Nyheter, DN Ekonomi (2013)

A Svara på frågorna här nedanför utan att titta i texten.

1. Vad är Saco?
2. Förklara vad *liten konkurrens om jobben*, *balans* och *stor konkurrens om jobben* betyder.
3. Ge exempel på yrken där det kommer att vara liten konkurrens om jobben enligt Saco.
4. Vilka yrken finns det ett stort behov av enligt Arbetsförmedlingen?
5. Vad ska man inte utbilda sig till om man lätt vill hitta jobb, enligt prognoserna?

B Diskutera med en partner.

- Vad ska unga människor tänka på när de väljer utbildning, tycker du?
- Hur tänkte du när du valde yrke eller utbildning?
- Hur ser arbetsmarknaden ut i det land som du kommer ifrån?

C Stryk under nya ord och fraser som du tycker är viktiga. Visa för din granne. ÖB 20:1–5

Skriv!

En notis är en kortfattad nyhetsartikel. Läsaren får veta *vad* som har hänt, *var*, *när* och *varför* det hände. Rubriken sammanfattar notisen och ska väcka intresse hos läsaren.

Välj en av bilderna och fundera tillsammans: Vad har hänt?
Skriv en nyhetsnotis till bilden. Skriv en rubrik som passar till notisen.

UTTAL

Alfabetet

A [a]	K [kå]	U [u^w]
B [be]	L [el]	V [ve]
C* [se]	M [em]	W [dubbelve]
D [de]	N [en]	X [eks]
E [e]	O [o^w]	Y [y^j]
F [ef]	P [pe]	Z* [säta]
G [ge]	Q** [ku^w]	Å [å]
H [hå]	R [er]	Ä [ä]
I [i^j]	S [es]	Ö [ö]
J [ji^j]	T [te]	

* Man uttalar ofta C och alltid Z som **s** (ex. citron, jazz)
** Man uttalar Q som **k**.

Förklaringar

Viktiga ord med lång konsonant eller vokal har *betoning*. (Här är ord med betoning inringade. Långa vokaler och konsonanter är understrukna.)
A är *en bokstav*. A, b och c är *bokstäver*.
A, e, i, o, u, y, å, ä och ö är *vokaler*.
B, c, d, f, g, h, j, k, l, m, n, p, q, r, s, t, v, w, x och z är *konsonanter*.
Ordet *stavelse* har tre stavelser: STA-VEL-SE.
Prosodi är språkets rytm och melodi.

Sammanfattning av svensk prosodi

Regel 1: I en mening har *viktiga ord betoning*.
   (Hej) hur (mår) du?

Regel 2: Ord med betoning har *lång vokal* eller *lång konsonant*.
   hej [hejjj], mår [määår]

Regel 3: Vi uttalar inte alla bokstäver.
   Hej, hur mår du? [hejjj hu määä ru]

Regel 4: Melodin går *upp* eller *ner* på lång vokal eller konsonant. Melodin går *ner* i slutet av en mening (också frågor).
   Hur mår du? Bara bra, tack.
   Hur är läget? Så där.

Satsbetoning (regel 1)

A I en mening har *viktiga ord* betoning. (146))
 – Hej, hur mår du?
 – Bara bra, tack! Och du?
 – Jo tack, det är bra!

B I fraser har det *sista ordet* betoning. (147))
 förnamn + efternamn: Petra Lundkvist.
 verb + objekt: Vi äter middag.
 klocka + klockslag: Klockan sju.
 har/hjälpverb + huvudverb: Kan ni komma?
 verb + partikel: Jag tycker om dig.

C Ordet *inte* har inte betoning (148))
 Vi·har inte bokat bord.

Ordbetoning (regel 2)

Man måste alltid lyssna efter vilken konsonant eller vokal som är lång. Men det finns några tendenser.

Svenska och internationella ord

A *Svenska* ord har ofta lång konsonant eller vokal i början (första stavelsen). (149))
 läkare [läää-ka-re]

B *Internationella* ord har ofta lång konsonant eller vokal i slutet (sista stavelsen). (150))
 biolog [bi-o-låååg]

C Ord som börjar med *be-* och *för-* har ofta lång vokal/konsonant i andra (2:a) (151))
 stavelsen.
 betalar [betaaalar] förkyld [förçyyyld]

Sammansatta ord

D *Sammansatta* ord har två (2) långa ljud. (152))
 flickvän [flikkkvännn], sjuksköterska [ʃuuukʃöööterska], tandläkare
 [tannndläääkare], dataspel [daaataspeeel]

Reduktioner och assimilationer (regel 3)

Reduktioner

Man uttalar inte alla bokstäver. Det är vanligare när man pratar snabbt.

A Man uttalar **h** *i betonade ord*. Man uttalar **h** *i början av meningen*.
   Han heter Hans. Hans har ett hus.

B Man uttalar finalt **r** *bara före vokal*.
   Jag bor i Stockholm. (**r** + *vokal*)
   Jämför: Jag bor på Storgatan. (**r** + *konsonant*)

C *I obetonat ord efter vokal* blir **d** ofta **r**. Det är inte så i hela Sverige.
   Lyssna på hur folk pratar där du är.
   Vad sa du? (*obetonat du*)
   Jämför: Vad sa du? (*betonat du*) Kan du komma? (*efter konsonant*)

D Man uttalar inte **g** i *adjektiv som slutar på –ig*.
   rolig, roligt, roliga
   trevlig, trevligt, trevliga

E Man uttalar inte **k** i *ord som slutar på –skt*
   engelsk, engelskt
   italiensk, italienskt
   faktiskt

F I många *ord med dag* uttalar man inte **g**.
   måndag, tisdag, onsdag ...
   eftermiddag

G Man uttalar inte *suffixet på verb i grupp 1*.
   Jag jobbar, Jag jobbade, Jag har jobbat

Vanliga reduktioner och förändringar

aldri~~g~~	mycke~~t~~
allti~~d~~	någon/något/några [nån/ nå(t)/nåra]
att + infinitiv [å]	
de/dem [dåm/råm]	och [å]
det [de/re]	sedan [sen]
hu~~r~~	ti~~ll~~
ida~~g~~	va~~d~~
ja~~g~~	va~~r~~
me~~d~~	vi~~d~~
mig/dig/sig [mej/dej/sej]	vilken/t/a [viken/t/a]
mor~~g~~on	är [e]

Assimilationer

A Det är svårt att uttala *en tonlös konsonant + en tonande konsonant*. Då blir den *tonande konsonanten tonlös*.
   b → p: obs [ops]
   d → t: tisdag [tista]
   g → k: utgång [utkåŋ]
   v → f: svenska [sfenska]

B Samma regel som i A gäller också *mellan ord*:
   Jag hoppas att‿du kommer. [atukome].

C **Rt, rd, rl, rn och rs** uttalar man som *ett ljud*: **tjockt t, tjockt d, vanligt l, tjockt n** och **tjockt s.**
   o<u>rd</u>, spo<u>rt</u>, fö<u>rl</u>åt, ba<u>rn</u>, pe<u>rs</u>on

D Samma regel som i C gäller också mellan ord.
   Var‿studerar‿du?

E Man uttalar **n** som **ng** [ŋ] före **k**.
   bank [baŋk], Frankrike [fraŋkrike]

F Man uttalar **g** som **ng** [ŋ] före **n**.
   lugn [luŋn], Magnus [maŋnus]

Satsmelodi (regel 4)

A Melodin går ner eller upp på lång vokal eller konsonant. Det är olika för olika ord. Lyssna och härma melodin.
– Hur är läget?
– Så där. Jag är så förkyld.

B Melodin går ner i slutet av en mening (också frågor).
– Hur mår du?
– Bara bra, tack.

Vokaler

Vokalerna i, e och ä

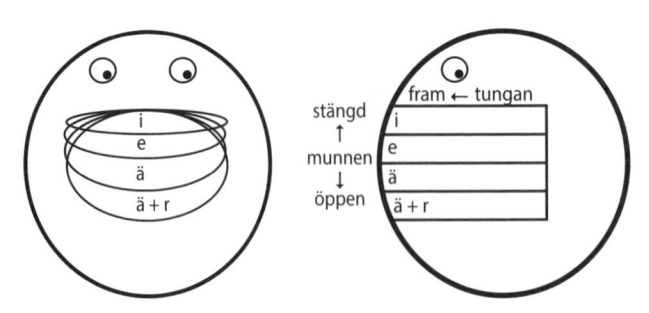

Vokalerna i och y

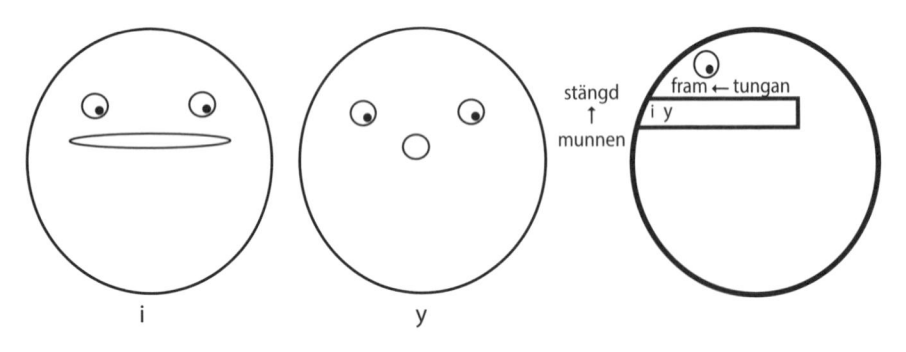

Vokalen u

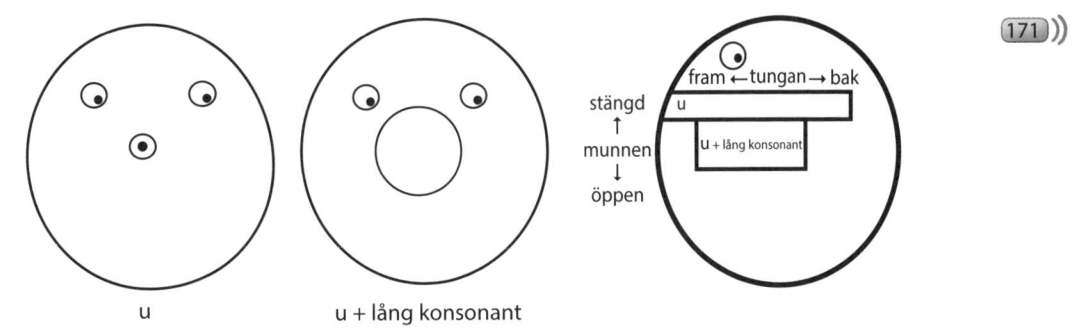

171))

u

u + lång konsonant

Vokalerna e och ö

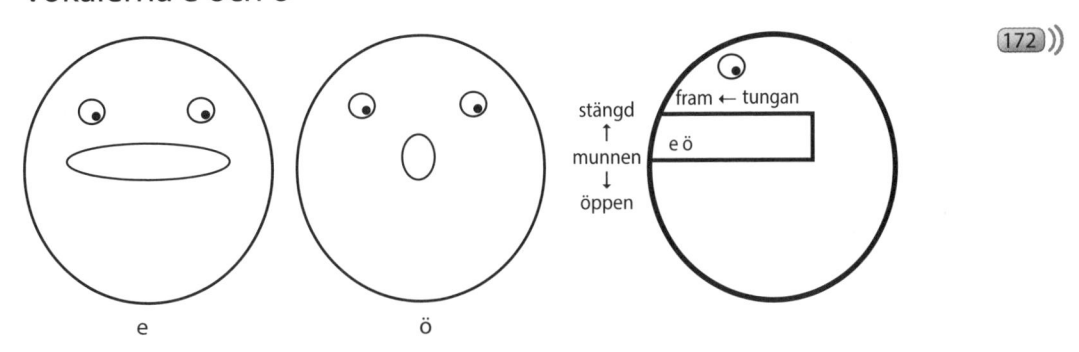

172))

e

ö

Vokalerna o, å och a

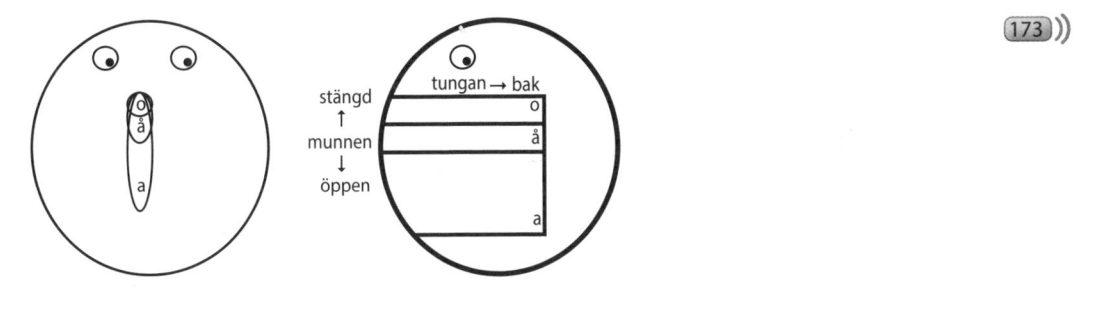

173))

Vokalen a

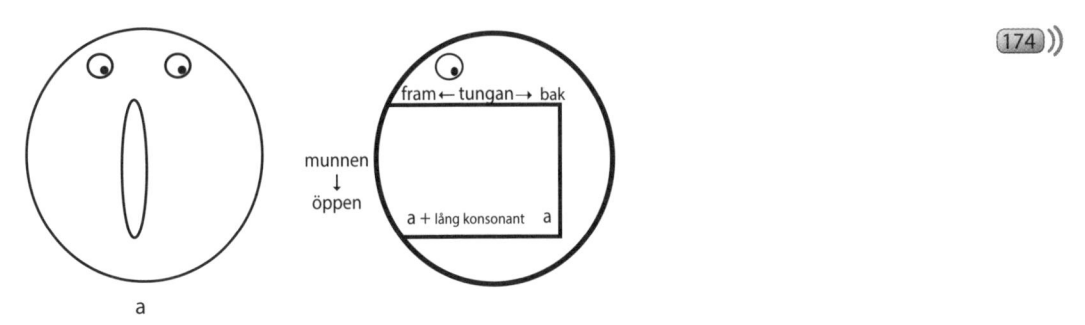

174))

a

UTTAL • 219

Konsonanter

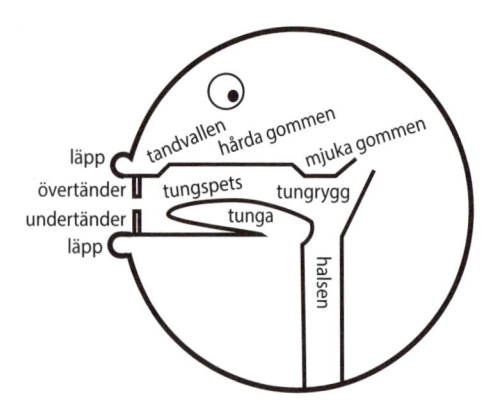

Hur\Var	läpp + läpp	läpp + tand	tungspets + tand	tungspets + tandvallen	tungrygg + hårda gommen	tungrygg + mjuka gommen	halsen
Tonlös	p	f	s t	rs rt	ç	k ʃ	h
Tonande	b m	v	d l n	rd rn r	j	g ŋ	

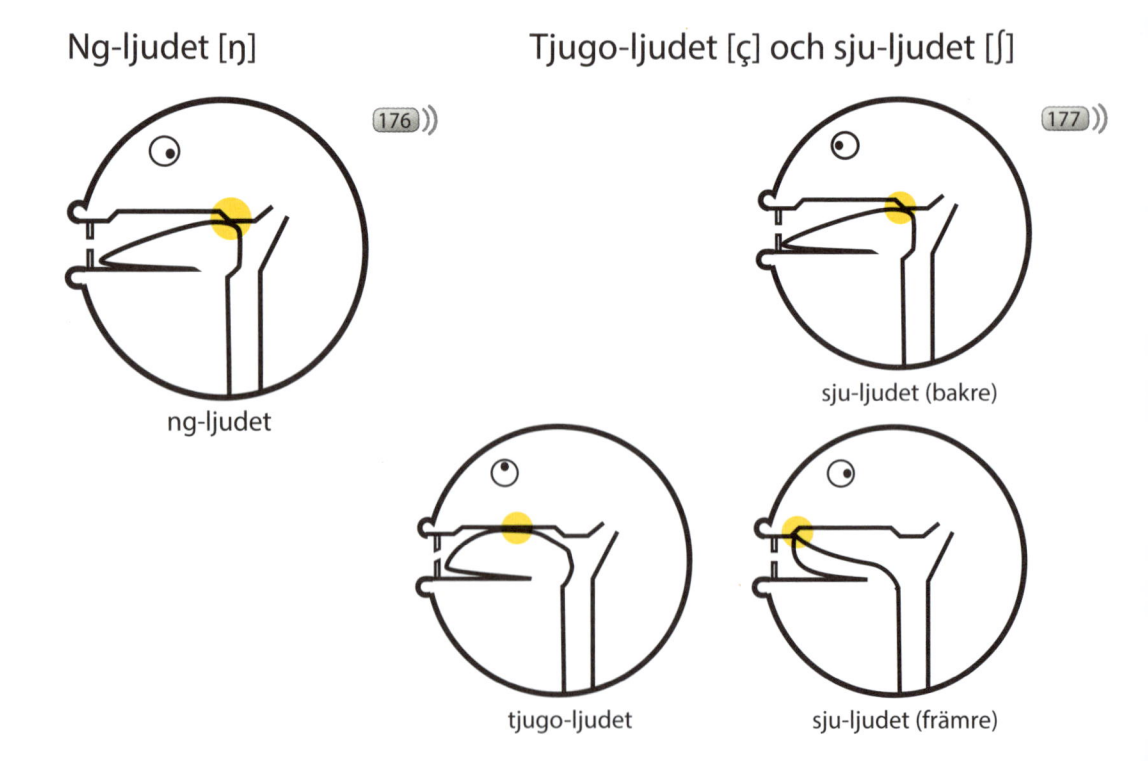

Ng-ljudet [ŋ]

ng-ljudet

Tjugo-ljudet [ç] och sju-ljudet [ʃ]

sju-ljudet (bakre)

tjugo-ljudet

sju-ljudet (främre)

220 • RIVSTART A1+ A2 Textbok   Kopiering av detta engångsmaterial är förbjuden enligt lag och gällande avtal.

Skriva och uttala

Lång konsonant

A **Lång konsonant** = *dubbel konsonant eller två olika konsonanter.* (178))
jo<u>bb</u>ar, plu<u>gg</u>ar, pa<u>pp</u>er, gita<u>rr</u>
bö<u>rj</u>ar, da<u>ns</u>ar, fö<u>ns</u>ter, gu<u>rk</u>a

B **Långt k** skriver man *ck*. (179))
ta<u>ck</u>, dri<u>ck</u>er, fli<u>ck</u>vän, klo<u>ck</u>an

C **Långt j** skriver man *j*. (180))
he<u>j</u>, o<u>j</u>, oke<u>j</u>, trö<u>j</u>a

D **Långt m** skriver man *mm bara mellan vokaler.* (181))
kom → komma, gammal → gamla

Sju-ljudet [ʃ]

A Man skriver oftast *sk* före **e**, **i**, **y**, **ä** och **ö**. (182))
kanske [kanʃe], skidor [ʃidor], skylt [ʃylt], skära [ʃära], sjuksköterska [ʃukʃöterska]

B Man kan skriva **sju-ljudet** på flera andra sätt. (183))
choklad [ʃoklad], garage [garaʃ], giraff [ʃiraf], journalist [ʃornalist], schack [ʃak], shoppa [ʃopa], sju [ʃu], skjorta [ʃorta], diskussion [diskuʃon], station [staʃon], stjärna [ʃärna]

Tjugo-ljudet [ç]

A Man skriver oftast *k* före **e**, **i**, **y**, **ä**, **ö**. (184))
kemi [çemi], Kina [çina], kyrka [çyrka], kär [çär], kör [çör]

B Man kan skriva **tjugo-ljudet** på tre andra sätt. (185))
tjugo [çuge], Kjell [çel], charter [çarter]

J-ljudet

A Man skriver *j* i många ord. (186))
ja, hej, jobba

B Man skriver oftast *g* före **e, i, y, ä** och **ö**.
ger, gitarr, gym, gärna, gör

C Man skriver ofta *g* efter **r** och **l** i slutet på ord.
Göteborg, hamburgare, Sankt Petersburg, torg, helg, älg

D Man kan skriva **j-ljudet** på tre andra sätt (*hj–, dj–, lj–*).
hjälper, djur, ljud

S-ljudet

Man skriver ofta **s-ljudet** med *s*. Man kan skriva **s-ljudet** med *c* och *z* i internationella ord. Det finns inget **tonande s-ljud** på svenska.
cykel, jazz

Å-ljudet

Man skriver **å-ljudet** med *å* eller *o*. Det finns ingen regel. Man måste studera varje ord.
son, språk, dotter, åtta

Hur uttalar man g, k och sk?

G, k och **sk** kan ha hårt eller mjukt uttal. När det är hårt uttal uttalar man som man skriver.

	+ a o u å = hårt uttal	+ e i y ä ö = mjukt uttal
g	gammal, ganska, gata, god, gurka gå	igen [ijen], gift [jift], gillar [jilar], gitarr [jitar], gym [jym], gärna [järna], gäster [jäster], gör [jör], Göteborg [jöteborj]
k	kaffe, kan, kollega, kul, kund, kusin, kål	kemi [çemi], kilo [çilo], kinesisk [çinesisk], förkyld [förçyld], köp [çöp]
sk	ska, skoj, sko, skulle, skål	kanske [kanʃe], skidor [ʃidor], skylt [ʃylt], sköterska [ʃöterska]

SPECIAL: Några ord med e, i y, ä ö uttalar man som man skriver.
en kille, en kör.

MINIGRAMMATIK

Räkneord

GRUNDTAL

0	noll [nålll]	11	elva [elllva]	22	tjugotvå [tjutfvååå]
1	en/ett [ennn/ettt]	12	tolv [tålllv]	30	trettio [trettti]
2	två [tfvååå]	13	tretton [tretttån]	40	fyrtio [förttti]
3	tre [treee]	14	fjorton [fjooortån]	50	femtio [femmmti]
4	fyra [fyyy′ra]	15	femton [femmmtån]	60	sextio [sekkksti]
5	fem [femmm]	16	sexton [sekkkstån]	70	sjuttio [sjuttti]
6	sex [sekkks]	17	sjutton [sjutttån]	80	åttio [åttti]
7	sju [sjuuu]	18	arton [aaartån]	90	nittio [nittti]
8	åtta [åttta]	19	nitton [nitttån]	100	hundra [hunnndra]
9	nio [niii′e]	20	tjugo [tjuuugi]	1000	ettusen [etttuuusen]
10	tio [tiii′e]	21	tjugoen [tjuennn]	1000 000	en miljon [ennn miljooon]

ORDNINGSTAL

1:a	första	11:e	elfte	21:a	tjugoförsta
2:a	andra	12:e	tolfte	30:e	trettionde
3:e	tredje	13:e	trettonde	40:e	fyrtionde
4:e	fjärde	14:e	fjortonde	50:e	femtionde
5:e	femte	15:e	femtonde	60:e	sextionde
6:e	sjätte	16:e	sextonde	70:e	sjuttionde
7:e	sjunde	17:e	sjuttonde	80:e	åttionde
8:e	åttonde	18:e	artonde	90:e	nittionde
9:e	nionde	19:e	nittonde	100:e	hundrade
10:e	tionde	20:e	tjugonde	1000:e	tusende

Ordföljd

Huvudsats

	Funda-ment	Verb 1	Subjekt	Sats-adverb	Verb 2	Verb-partikel	Komple-ment	Adverb
Påstående:	Sara	brukar	---	ofta	dricka	---	en kopp te	på kvällen.
	På kvällen	brukar	Sara	ofta	dricka	---	en kopp te.	---
Efter bisats (bisats i fundamentet):	Om du vill	kan	vi	---	ta	---	en promenad	i parken ikväll.
Frågeords-fråga:	Varför	har	du	inte	stängt	av	datorn?	---
Ja/nej-fråga	---*	Tycker	du	inte	---	om	glass?	---

*Ja/nej-frågor: inget i fundamentet

Konjunktioner

och (plus)   Anne läser en bok **och** Kajsa sitter vid datorn.
men (kontrast)   Jag ringde igår **men** ingen svarade.
eller (alternativ)   Ska vi gå på bio **eller** se en film hemma?
för (orsak)   Jag går hem nu **för** jag har feber.
så (konsekvens)   Jag har feber **så** jag går hem nu.

Samordning

Fundament	Verb 1	Subjekt	...		Fundament	Verb 1	Subjekt	...
Jag	hade	---	feber	så	jag	gick	---	hem efter en stund.
Jag	hade	---	feber	så	efter en stund	gick	jag	hem.
Vi	kan	---	gå och fika	eller	(vi)	(kan)	---	se en film.
---	Ska	vi	gå på teater	eller	---	vill	du	göra något annat?
Jag	går	---	hem	för	jag	har	---	feber nu.
Jag	går	---	hem	för	nu	har	jag	feber.

Samordning med *och* och *men*

Fundament	Verb	Subjekt	...	
Peter	dricker	---	en kopp kaffe	och
Peter	dricker	---	en kopp kaffe	och
Anna	gick	---	på en kurs	men
Anna	gick	---	på en kurs	men

Fundament	Verb	Subjekt	...
(han)	tar	---	en promenad sedan.
sedan	tar	han	en promenad.
(hon)	slutade	---	efter en vecka.
efter en vecka	slutade	hon.	---

Bisats

Bisatsinledare	Subjekt	Satsadverb	Verb 1+2	Verbpartikel	Komplement	Adverb
...eftersom	jag	inte	tycker	om	kött.	---
Även om	det	---	brukar vara	---	lite kallt	i vattnet...

Exempel på satsadverb
inte   aldrig   sällan   tyvärr   ju   alltid   ofta   gärna   faktiskt

Relativa bisatser

Mellan träden ser man ett rött hus *som ligger precis vid vattnet*.
Berit vet ett ställe *där det brukar finnas många kantareller*.
Senare på eftermiddagen, *när de är hemma igen*, bakar Kurt-Allan en blåbärspaj.

Indirekt tal

Påstående
... *säger/tycker + att + bisats*
Brian tycker **att** det är kallt i vattnet.

Ja/nej-fråga
... *frågar/undrar/vill veta + om + bisats*
Mamma undrar **om** vi kan komma på fredag kväll.

Frågeordsfråga
... *frågar/undrar/vill veta + frågeord + bisats*
Kurt-Allan undrar **vad** de vill äta till middag.

Subjunktioner

Allmän

att	Filip tycker **att** middagen var god.

Tid

när	Annette undrar **när** kursen börjar.
medan	Irina lyssnar på musik **medan** hon studerar.
innan	Jonas duschar **innan** han äter frukost.

Förklaring

därför att*	
eftersom	Jag går hem **eftersom/därför att** jag inte mår bra.

Villkor

om	Vi går till stranden **om** solen skiner.

Kontrast

även om (hypotes)	Jim springer varje dag **även om** det regnar.
trots att (faktum)	Farfar är jättepigg **trots att** han är 97 år.

Sätt (hur)

utan att	Man kan lära sig mycket i skolan **utan att** göra en massa läxor.
genom att	Giulia lärde sig bra uttal **genom att** lyssna mycket på radio.

Resultat

så att	Vi måste gå nu **så att** vi inte missar bussen.

Avsikt, plan

för att	Stella åker till stan **för att** shoppa.

* *Därför att* står inte först i en mening:
~~Därför att~~ det regnar stannar vi inne. → Eftersom det regnar stannar vi inne.

Frågeord

- **Vad** heter du?
- Maria.

- **Vad** dricker du **för** kaffe?
- Cappuccino.

- **Var** bor Annika?
- I Lund.

- **Varför** kom du inte till skolan igår?
- Jag var sjuk.

- **Varifrån** kommer Manuel?
- Från Barcelona.

- **Hur länge** har du bott i Sverige?
- I fem år.

- **Hur mycket** kostar kaffet?
- 30 kronor.

- **Hur mycket** kaffe dricker man i Sverige?
- Ungefär 150 liter per person och år.

- **Hur många** invånare har Sverige?
- Ungefär nio miljoner.

- **Hur ofta** spelar du tennis?
- Två gånger i veckan.

- **Vart** ska du resa på semestern?
- Till Kroatien.

- **Vem** är det?
- Det är min syster.

- **Vems** bok är det här?
- Det är Karins.

- **Hur** säger man "cat" på svenska?
- "Katt".

- **När/vilken tid/hur dags** börjar filmen?
- Klockan sju.

- **Vilke**n buss går till Stortorget?
- 62:an.

- **Vilket** år är du född?
- 1982.

- **Vilka** böcker ska vi läsa på kursen?
- Utvandrarna och Röda rummet.

Kortsvar

Ja/jo/nej + det + hjälpverb/är/har (eller: gör) + subjekt + (inte)

– Ska du ha semester snart?
– **Ja, det ska jag.** (= Ja, jag ska ha semester snart.)

– Är det inte ett stressigt arbete?
– **Jo, det är det.** (= Jo, det är ett stressigt arbete.)

– Motionerar du?
– **Ja, det gör jag.** (= Ja, jag motionerar.)

– Dricker du mycket kaffe?
– **Nej, det gör jag inte.** (= Nej, jag dricker inte mycket kaffe.)

Verb

Verb grupp 1–3

Grupp	Imperativ	Infinitiv	Presens	Preteritum	Supinum
1	prata	prata	pratar	pratade	pratat
2a	ring	ringa	ringer	ringde	ringt
2b	köp	köpa	köper	köpte	köpt
3	bo	bo	bor	bodde	bott

OBS! Imperativformen slutar på *–r* (imperativ och presens har samma form) i några verb:

Grupp	Imperativ	Infinitiv	Presens	Preteritum	Supinum
2a	kör	köra	kör	körde	kört
2a	hyr	hyra	hyr	hyrde	hyrt

Verb grupp 4

Grupp	Imperativ	Infinitiv	Presens	Preteritum	Supinum
4a (–it)	skriv	skriva	skriver	skrev	skrivit
4a (–it)	ät	äta	äter	åt	ätit
4b (SPECIAL)	gå	gå	går	gick	gått
4b (SPECIAL)	se	se	ser	såg	sett

Verb grupp 4a slutar på –it i supinum. Verb grupp 4 behöver man lära sig utantill.
Se www.nok.se/rivstart för lista över verb grupp 4.

Verbformer

Imperativ
order, inget subjekt
Vakna!
Lyssna!

Infinitiv
1 efter *hjälpverb*
   Jag måste **gå** nu.
   Oscar ska **resa** till Sydamerika.

2 efter *infinitiv-att*
   Tomas tycker om att **dansa**.
   Det är roligt att **resa**.

Supinum
efter *har* eller *hade*
Maryam har **bott** i Sverige i tre år.
När Gustav kom hem hade Eva **ätit**.*

* hade + supinum = preteritum perfekt

Tempus

Presens
NU eller generellt
Jag **heter** Steven.
Jag **kommer** från England.

Presens futurum
1 presens (ofta med framtidsuttryck, t.ex. *imorgon, på lördag eller nästa år*)
   Vi **åker** till Paris imorgon.

2 *ska + infinitiv* (subjektet bestämmer, vill eller planerar)
   Jag **ska studera** svenska i Vilnius.

3 *kommer att + infinitiv* (naturlig process eller logisk konsekvens, subjektet bestämmer eller planerar inte)
   Det **kommer** kanske **att** bli svårt att hitta fast jobb.

Presens perfekt (har + supinum)

1 tiden är inte intressant (Resultatet är intressant.)
   Jag **har** inte **gjort** läxan.

2 tillsammans med NU-adverb (*idag, den här månaden, i år*)
   Selin **har jobbat** mycket den här månaden.

3 tiden är inte slut
   Peter **har snusat** i 15 år.

Preteritum

1 berättande tempus i DÅ
   Först **åt** Selin frukost och sedan **duschade** hon.

2 med DÅ-adverb (*igår, för en timme sedan, förra veckan*), tidpunkt eller tidsperiod
   Axel **kom** hem igår.

Pågående aktivitet

Sitter och, ligger och, står och, håller på och + verb = man gör något just nu.
Tre vänner **sitter och fikar** på ett café.
Hunden **ligger och sover**.
Eva och Alex **står och pratar** utanför bion.
Servitören **håller på och fixar** bordet.

Hjälpverb

måste	borde	får	kan	vill
behöver	brukar	hinner	ska	orkar

Jag **måste** ringa mormor. Hon är sjuk. (= krav/tvång)
Man **behöver inte** ge dricks på restaurang. (= inte krav/tvång)
Doktorn sa att jag **borde** sluta röka. (= rekommendation)
Lisa **brukar** springa 7 km varje söndag. (= vana)
Får man röka här? (= tillåtelse)
Man **får inte** röka på restauranger. (= förbud)
Hinner vi gå på Moderna museet nu? (= ha tid)
Anders **kan** dansa tango och salsa. (= förmåga)
Ikväll **ska** jag gå på bio. (= framtid/plan)
Jag **vill** äta nu. Jag är så hungrig. (= vilja)
Jag **orkar** springa jättelångt. (= ha energi)

Substantiv

Substantivets former

Grupp	Singular Obestämd form	Singular Bestämd form	Plural Obestämd form	Plural Bestämd form
1	(en) lampa	lampan	lampor	lamporna
2	(en) säng	sängen	sängar	sängarna
3	(en) madrass	madrassen	madrasser	madrasserna
4	(ett) täcke	täcket	täcken	täckena
5	(ett) lakan	lakanet	lakan	lakanen
	(en) läkare	läkaren	läkare	läkarna

SPECIAL

Grupp 2	en cykel	cykeln	cyklar	cyklarna
	en dotter	dottern	döttrar	döttrarna
	en morgon	morgonen	morgnar	morgnarna
	en nyckel	nyckeln	nycklar	nycklarna
	en semester	semestern	semestrar	semestrarna
	en sommar	sommaren	somrar	somrarna
	en syster	systern	systrar	systrarna
	en teater	teatern	teatrar	teatrarna
	en vinter	vintern	vintrar	vintrarna
Grupp 3	en bok	boken	böcker	böckerna
	en bror	brodern	bröder	bröderna
	en dator	datorn	datorer	datorerna
	en fot	foten	fötter	fötterna
	en hand	handen	händer	händerna
	ett land	landet	länder	länderna
	ett museum	museet	museer	museerna
	en natt	natten	nätter	nätterna
	en son	sonen	söner	sönerna
	en stad	staden	städer	städerna
	en tand	tanden	tänder	tänderna
Grupp 4	ett huvud	huvudet	huvuden	huvudena
	ett öga	ögat	ögon	ögonen
	ett öra	örat	öron	öronen
Grupp 5	ett fönster	fönstret	fönster	fönstren
	ett hem	hemmet*	hem	hemmen*
	en man	mannen*	män	männen*

* långt m (och ibland n) dubbeltecknas mellan vokaler

När har man obestämd form?

1. informationen är ny för den som lyssnar/läser (med obestämd artikel, *en/ett*)
   Berit såg **en katt** i parken.

2. efter possessivt pronomen eller genitiv
   Selins **man** är översättare.

3. efter "kvantitetsord", *ingen, något, många, flera, tre* o.s.v.
   Olof har fyra **barn**.

4. efter *nästa* och *samma*
   Vad ska du göra nästa **sommar**?

5. i många verbfraser, *sjunga i kör, laga mat, åka buss, spela piano* (inte specifikt)
   Fiona spelar **fotboll** varje fredag.

6. i presenteringsfraser (med obestämd artikel, *en/ett*)
   Det står **en vas** på pianot.

När har man bestämd form?

1. det är inte första gången vi pratar om något
   Berit såg en katt och en fågel i parken. **Katten** var svart.

2. efter demonstrativa pronomen (*den/det/de här/där*)
   Den här **veckan** har varit stressig.

3. när vi pratar om något specifikt/känt objekt eller koncept – den som lyssnar eller läser vet vad vi menar
   Anna sitter vid **datorn**.
   Anna och en vän sitter och diskuterar **livet**.

4. i en del tidsuttryck när det handlar om vad man brukar göra – *på vintern/ vintrarna, på kvällen/kvällarna, på julen/på jularna*
   På **vintern** åker hela familjen skidor.

5. i många verbfraser när man inte tänker på själva byggnaden eller personen, utan på funktionen de har
   Förut gick Anna ofta ut på **krogen**.
   Jag ska gå till **doktorn** imorgon.

   OBS! Ibland har man obestämd form (utan artikel): gå på **teater**.

6. när något är en naturlig del av något man pratar om – *restaurang → maten, dator → skärmen, lägenhet → köket* o.s.v.
   Vi tittade på en lägenhet igår. **Köket** var jättefint.

Adjektiv

Obestämd och bestämd form

Obestämd form		Bestämd form	
en adjektiv	en romantisk film	den adjektiv + a	den romantiska filmen
ett adjektiv + t	ett roligt program	det adjektiv + a	det roliga programmet
två adjektiv + a	två läskiga filmer	de adjektiv + a	de läskiga filmerna

SPECIAL

1. adjektiv som slutar på *–d*
   en go**d** bulle
   ett go**tt** vin
   två go**da** kakor

2. adjektiv som slutar på *–ad*
   en intresser**ad** man
   ett intresser**at** barn
   två intresser**ade** män

3. adjektiv som slutar på *lång vokal*
   en bl**å** bil
   ett bl**ått** hus
   två bl**å(a)** bilar

4. adjektiv som slutar på *konsonant +t*
   en svar**t** bil
   ett svar**t** linne
   två svar**ta** bilar

5. adjektiv som slutar på *långt –m*
   en du**m** idé
   ett du**mt** svar
   två du**mma** frågor

6. adjektiv som slutar på obetonat *–er,*
   –al, –el
   en vacker stad
   ett vack**ert** hus
   två vack**ra** städer
   en gammal stad
   ett gamm**alt** hus
   två gam**la** städer

7. *liten*
   en liten skola
   ett litet hus
   två **små** skolor
   det **lilla** huset
   den **lilla** bilen
   de **små** hundarna

OBS! En del adjektiv har alltid samma form, t.ex. *bra, kul, fel, gratis, rosa*.

När har adjektiven och substantiven obestämd eller bestämd form?

1	Obestämt adjektiv + obestämt substantiv
en/någon/ingen	grön bil
ett/något/inget	grönt äpple
tre/många/några/inga	gröna bilar
2	**Bestämt adjektiv + bestämt substantiv**
den (här/där)	gröna bilen
det (här/där)	gröna äpplet
de (här/där)	gröna bilarna
3	**Bestämt adjektiv + obestämt substantiv**
min/Jennys	gröna bil
mitt/Jennys	gröna äpple
mina/Jennys	gröna bilar

Komparation av adjektiv och adverb

Positiv	Komparativ	Superlativ
dyr	dyrare	dyrast

Lägenheten är dyr.
Lägenheten och villan är lika **dyra**.
Det är **dyrare** att bo i stan än på landet.
Vilket alternativ är **billigast**?

HALVSPECIAL		
dum	dummare	dummast
hög	högre	högst
lång	längre	längst
nära	närmare	närmast
stor	större	störst
tung	tyngre	tyngst
ung	yngre	yngst
vacker	vackrare	vackrast

SPECIAL		
bra	bättre	bäst
dålig	sämre	sämst
få	färre	(färst)
gammal	äldre	äldst
gärna	hellre	helst
lite	mindre	minst
liten	mindre	minst
mycket	mer	mest
många	fler	flest

OBS! Adjektiv på –ad och –isk har *mer* och *mest* i komparativ och superlativ.

intresserad   **mer** intresserad   **mest** intresserad
praktisk   **mer** praktisk   **mest** praktisk

Pronomen

Personliga

		Subjekts-pronomen	Objekts-pronomen	Possessiva pronomen	Reflexiva possessiva pronomen
singular	1	jag	mig	min/mitt/min	
	2	du	dig	din/ditt/dina	
	3	han	honom	hans	sin/sitt/sina
		hon	henne	hennes	
		den/det	den/det	dess	
		man*	en	ens	
plural	1	vi	oss	vår/vårt/våra	
	2	ni	er	er/ert/era	
	3	de	dem	deras	sin/sitt/sina

*man är ett indefinit pronomen

Sin/sitt/sina refererar till subjektet (tredje person) i samma sats.

Olivia har en hund. Hon älskar (**sin** hund.)

Pelle och Uffe har ett fint hus. De gillar (**sitt** hus.)

Olof har många saker hemma. Han gillar (**sina** saker.)

Sin/sitt/sina kan inte vara del av subjektet.
Kurt gillar sitt hus. <u>Hans hus</u> var ganska dyrt.
s

Indefinita pronomen

någon   ingen
något   inget
några   inga

Någon, något, några

1 i satser utan *inte* när det inte är viktigt vilken
   Markus köpte **något** hårvax. (= Talaren vet inte exakt vilket.)
   Köp **något** hårvax! (= Det är inte viktigt vilket.)

2 ofta i frågor när substantivet är obestämt
   Har du **någon** surfplatta?

3 *inte någon* = ingen, *inte något* = inget, *inte några* = inga
   Jag köpte inte **något** hårvax. (= Jag köpte inget hårvax.)

4 *någonting/något* = självständigt (det kommer inget substantiv efter)
   Förstår du **någonting/något**?

5 *någon/några* = självständigt om personer
   Känner du **någon** som talar kinesiska?

6 i meningar med två verb och i bisats – *inte någon/något/några*
   Katja har ingen bil. Katja vill **inte** ha **någon** bil.
   Katja säger att hon **inte** har **någon** bil.

Ingen, inget, inga

1 *ingen* = inte någon, *inget* = inte något, *inga* = inte några
   Det blir **ingen** shopping den här månaden. (= Det blir inte någon shopping den här månaden.)
   Jag har **inget** linne. (= Jag har inte något linne.)
   Jag har **inga** kläder. (= Jag har inte några kläder.)

2 *ingenting/inget* = självständigt (det kommer inget substantiv efter)
   Jag förstår **ingenting/inget**.

3 *ingen/inga* = självständigt om personer
   Jag känner **ingen** som talar kinesiska.

Demonstrativa pronomen

den här/den där datorn
det här/det där brevet
de här/de där symbolerna

OBS!
Jag förstår inte **det här**. (= självständigt)

Relativa pronomen

som
Jag har en syster **som** är advokat.

där
Staden **där** jag bor heter Malmö.

Staden ~~var~~ jag bor heter Malmö.

Adverb

Adverb för position, destination, från position

position	destination	från position
där	dit	därifrån
här	hit	härifrån
var	vart	varifrån
hemma	hem	hemifrån
borta	bort	bortifrån
inne	in	inifrån
ute	ut	utifrån
uppe	upp	uppifrån
nere	ner	nerifrån
framme	fram	framifrån

1 bo/vara/sitta/stanna/äta/ o.s.v. + *position*
   Jag var **hemma** hela helgen.

2 komma/gå/åka/cykla/springa/ringa o.s.v. + *destination*
   Ska vi gå **hem** nu?

3 från position
   Jag går **hemifrån** klockan åtta varje morgon.

Sättsadverb

Sättsadverb beskriver verb och slutar på –t.

Jag tycker att du ska tänka **positivt**.

Du måste prata **lugnt** med honom.

Några sättsadverb slutar inte på –t, t. ex. *mycket, lite, gärna, ofta, fel, sakta*.

NU- och DÅ-adverb

NU-adverb (oftast + presens perfekt)	DÅ-adverb (+ preteritum)
idag, den här veckan, den här månaden, i år, på sista tiden	för … sedan, i morse, igår, i förrgår, i måndags, förra året, 2012

Prepositioner

Rumsprepositioner

Bordet står **på** mattan.
Mattan ligger **under** bordet.
Det finns böcker **i** bokhyllan.
Gardinerna hänger **vid** fönstret.
Teven sitter på väggen **mitt emot** soffan.
Fotpallen står **framför** soffan.
Golvlampan står **bakom** soffan.
Tavlan hänger **över** soffan.
Skrivbordet står **mellan** soffan **och** bokhyllan.

I eller på?

1 *i + stad/land/region/landskap*
   Jag bor **i** Göteborg.

2 *på + gata/torg/ö*
   Jag arbetar **på** Storgatan.
   Visby ligger **på** Gotland.

3 *på + platser med en specifik aktivitet: kafé/restaurang/ teater/bio/universitet/jobbet o.s.v.*
   Ikväll ska vi gå **på** bio.
   Vi ses **på** restaurangen.

Tidsprepositioner

1 *i* (*Hur länge?*) Jag har studerat svenska **(i)** ett år.

2 *om* (*När?* i framtiden) Jag ska börja läsa norska **om** ett år.

3 *för ... sedan* (*När?* i DÅ) Jag började läsa svenska **för** ett år **sedan**.

Hur ofta? (Frekvens)

1 *om + dagen/året* Jag tar två tabletter **om** dagen.

2 *i + sekunden/timmen/veckan* o.s.v. Jag springer ett par gånger **i** veckan.

Andra sätt att uttrycka frekvens

varje + minut/timme/dag/vecka/månad/år (en-ord och ett-ord)
Jag pluggar svenska **varje dag**.

varannan + minut/timme/dag/vecka/månad (en-ord)
Melinda bor hos sin mamma **varannan vecka**.

vartannat + år (ett-ord)
Vartannat år gör vi en långresa.

var + tredje/fjärde (ordningstal) + *sekund/minut/timme/dag/vecka/månad* (en-ord)
Bussen går **var femte minut**.

vart + tredje/fjärde (ordningstal) + *dygn/år* (ett-ord)
De målar huset **vart tionde år**.

Tidsuttryck

	Preteritum	Vana	Presens futurum
Veckodagar	i måndags i tisdags	på måndagar(na) på tisdagar(na)	på måndag på tisdag
Del av veckodagar	i morse igår kväll	på morgonen/(på morgnarna) på kvällen/(på kvällarna)	imorgon bitti/kväll
Årstider	i våras i somras i höstas i vintras	på våren/vårarna på sommaren/somrarna på hösten/höstarna på vintern/vintrarna	i vår i sommar i höst i vinter
Högtider	i påskas i julas på midsommarafton på nyårsafton	på påsken på julen på midsommarafton på nyårsafton	i påsk i jul på midsommarafton på nyårsafton

Bildkällor

Symboler: Shutterstock, YAY Micro/IBL	66:1 Shutterstock	142:1 Paul Edmondson/Spaces/IBL
8:1 Thoms Carlgren/Bildhuset/TT	66:2 Shutterstock	142:2 Shutterstock
8:2 Shutterstock	67 Shutterstock	142:3 Harald Eisenberger/IBL
8:3 Helena Blomqvist/Bildhuset/TT	69 Shutterstock	142:4–5 Shutterstock
8:4 Shutterstock	70:1 Shutterstock	145 Jan Greune/Getty Images
8:5 Les Cunliffe/IBL	70:2 Fotograf: Johanna Magnusson	147 Helena Wahlman/Getty Images
8:6 Shutterstock	75 Shutterstock	152 Shutterstock
8:7 Wavebreakmedia Ltd/IBL	76:1–4 Shutterstock	153:1–2 Shutterstock
8:8 Shutterstock	76:5 Jochen Sand/IBL	156 Image Source/IBL
8:9 Wavebreakmedia Ltd/IBL	76:6 Shutterstock	160 Shutterstock
8:10 Shutterstock	80:1–4 Shutterstock	161:1 pannaphotos/Getty Images
9 Golden Pixels LLC/IBL	83 Shutterstock	161:2 Johan Odmann/Getty Images
15 Johner/Getty Images	92:1 SL/Jan Danielsson	166:1 Wavebreak Media LTD/IBL
16 Helen Kling/Corbis/TT	92:2–4 Shutterstock	166:2 Zoonar/J M Guyon/IBL
18 Landscape/TT	92:5 SAS	166:3 YURI ARCURS/IBL
20 Miguel Sobreira/IBL	92:6 Shutterstock	166:4 Pixtal/IBL
23 Shutterstock	92:7 SJ/Stefan Nilsson	166:5 IBL
26:1 Photodisc/Getty Images	92:8 Skånetrafiken/Kasper Dudzik	168 Anders Blomqvist/Getty Images
26:2 Shutterstock	96 Andreas Larsson/Getty Images	170 PhotoAlto/Eric Audras/Getty mages
26:3 SL/Jan E Svensson	101 Morten Rasmussen/TT	171 Thomas Barwick/Getty Images
26:4 Shutterstock	104:1 Shutterstock	176:1 Shutterstock
26:5 Shutterstock	104:2 Shutterstock	176:2 Flyghallen i Skarpnäck. Jenny Hermansson
26:6 Douglas Williams/IBL	104:3 Pontus Höök/Aftonbladet/IBL	176:3 ZOONAR GMBH LBRF/IBL
31 Cultura/Nancy Honey/Getty Images	104:4 Shutterstock	176:4 Zubin Shroff/Getty Images
35:1 Karin Törnblom /IBL	104:5 Peter Adams/IBL	176:5 Nicho Sodling/Getty Images
35:2 Gary Malerba/TT	104:6 Shutterstock	176:6 DINODIA/IBL
35:3 Joerg Carstensen/EPA/TT.	107:1 Fine Art Images/IBL	182 Niklas Palmklint/Nordic-Photos
36:1 Bildagentur Waldhaeus/IBL	107:2 The Print Collector/IBL	188:1 Amanda Rohde/Getty Images
36:2 Zoonar/J.M. Guyon/IBL	107:3 Ángel Boluda/IBL	188:2 Reza Estakhrian/Getty Images
36:3 Tim Oram/IBL	108:1–8 Shutterstock	188:3 Jacobs Stock Photography/Getty Images
36:4 Shutterstock	112 Shutterstock	188:4 Shutterstock
36:5 Peter Erik Forsberg/TT	113 Martin Bobrovsky/IBL	195:1 Richard Foreman/Getty Images
40:1 Natur & Kultur	114 Kris Ubach/Quim Roser/IBL	195:2 Hans Bjurling/Getty Images
40:2 Natur & Kultur	121:1–3 Shutterstock	195:3 moodboard/Getty Images
40:3 Natur & Kultur	122:1–4 Shutterstock	199 keeweeboy/IBL
40:4 Shutterstock	122:5 Rodger Jackman/Getty Images	202 Shutterstock
40:5 Shutterstock	122:6 Shutterstock	204 Valua Vitaly/IBL
40:6 Natur & Kultur	126:1 Shutterstock	206:1 Frank Chmura/NordicPhotos
40:7 Shutterstock	126:2 Shutterstock	206:2 Shutterstock
40:8 Shutterstock	126:3 Stuart Pearce/IBL	206:3 Shutterstock
46:1 Shutterstock	126:4 Shutterstock	206:4 Paul Cush/Getty Images
46:2 Johan Wingborg/Bildhuset/TT	126:5 Shutterstock	206:5 Musketeer/Getty Images
49:1 Paul Simcock/IBL	132:1 Javier Larrea/IBL	213:1 Jan Düsing/TT
49:2 Shutterstock	132:2 John Wood Photography/Getty Images	213:2 Vilhelm Stokstad/TT
49:3 Hal Bergman Photography/Getty Images	132:3 Shutterstock	
49:4 Shutterstock	132:4 Shutterstock	
49:5 gud/IBL	132:5 Larry Bisacca/TT	
56 Anders Blomqvist/Getty Images	132:6–8 Shutterstock	
61 Shutterstock	132:9 Ryan McVay/Getty Images	
62 NYPL/Science Source/IBL	132:10 Shutterstock	
	134 Shutterstock	
	139:1–4 Shutterstock	